VON MIR
ZU EUCH
FÜR UNS

STEIDL

PETER RÜHMKORF

VON MIR ZU EUCH FÜR UNS

Zeichnen, ach, nicht jeder
kann es,
dies ist nur so ein Versuch.
Liebe Grüße für Johannes
in ein altes Katzenbuch

STATT BLUMEN

Liebe Freundinnen und Freunde,

entschuldigt zunächst mal die Passepartoutadresse, aber dafür wird es auch gleich umso persönlicher. Da mir im nächsten Jahr mein 70. ins Haus steht und ich ihn – zumindest in effigie – im Kreis meiner Lieben verbringen möchte, bitte ich Euch um eine kleine Gefälligkeit, die Ihr mir sicher nicht abschlagen werdet. Bei Durchsicht meiner, nein, nicht Bücher, aber Postalien und Versendungsvermerke, ist mir nämlich aufgefallen, daß Ihr alle schon mal mit versifizierten und erkritzelten Dedikationsartikeln von mir beschickt worden seid, ein beachtlicher Monte testaccio neben dem vergleichsweise schmalen Gesamtwerk, den ich gern einmal nach abdruckwürdigen Petitessen durchflöhen würde. Ihr müßtet nur die geringe Mühe auf Euch nehmen, mal in Euren Briefschaften und persönlich bewidmeten Buchschaften herumzustöbern und mir die nettesten Zueignungen in der Form von reproduktionsgeeigneten Farbkopien zuzusenden. Der kleine Freundschaftsdienst enthebt Euch nicht nur der lästigeren Mühe eines Festschriftenbeitrages, sondern vergönnt Euch sogar noch das kleine Vergnügen, zum Termin an einem gemeinsamen Sternenhimmel glänzen zu können. Da die Suchaktion, von hier aus gesehen, schon mit einigen Aufwänden verbunden ist und die Komposition der disperten Einzelheiten doch einige Zeit in Anspruch nehmen wird, bitte ich Euch, diesen vorgezogenen Geburtstagswunsch so ernst zu nehmen wie die allerdings damit verbundene Deadline (31. Mai 98 – nicht zu verwechseln mit 99!!!), die tunlichst gütigst nicht überschritten werden sollte. Vielleicht wäre noch hinzuzufügen, daß es mir nur um eine Auswahl der originellsten Capriccios geht (Rîmels, Kringels und Klexos), über die zunächst Ihr zu entscheiden hättet. Bei Kartengrüßen (egal ob aus Kairo, Pompeji oder Bad Bevensen) gehören freilich die Stadt- und Landansichten sowohl mit in den orbis pictus wie die Poststempel vom Tage. Noch was vergessen? Glaube nicht. Außer einem letzten beschwörenden: Nun kommt Ihr!

Seid herzlich gegrüßt und versäumt nicht, die möglichst pappversteiften Umschläge mit einem BITTE-NICHT-KNICKEN-Aufkleber zu versehen.

Euer Peter Rühmkorf –

(Längi – Lyriki – Lyrikus etc.)

ЛЕНИН
СТАЛИН

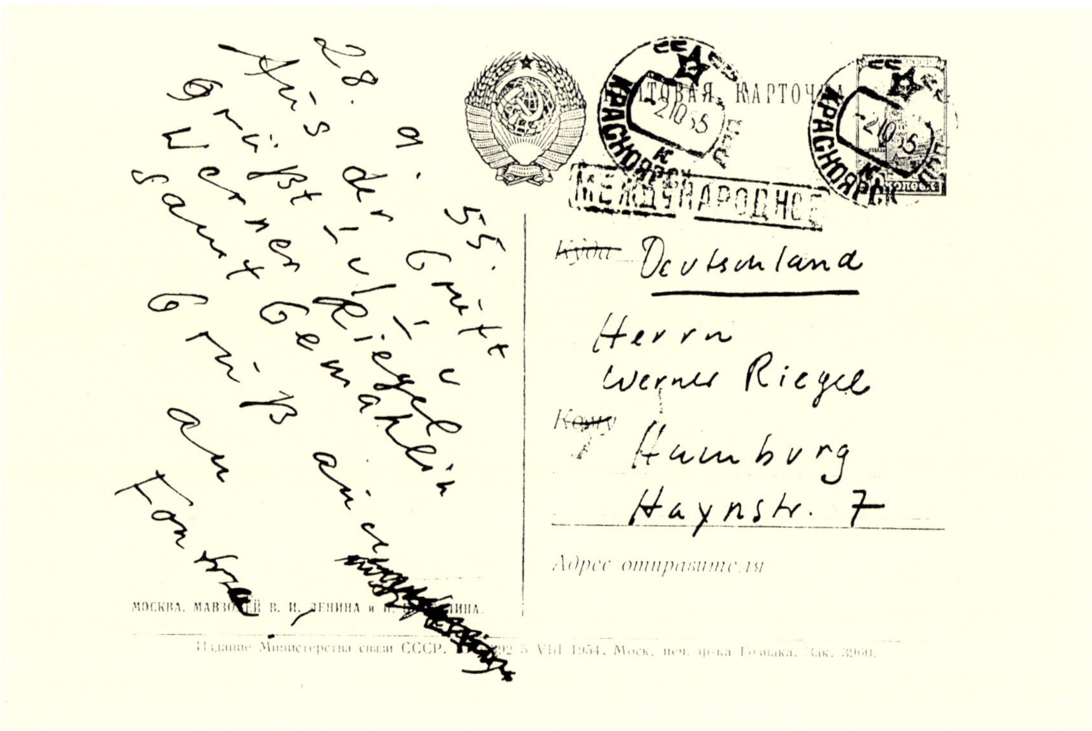
ПОЧТОВАЯ КАРТОЧКА
МЕЖДУНАРОДНОЕ
Куда Deutschland
Herrn
Werner Riegel
Кому Hamburg
Haynstr. 7
Адрес отправителя
28. 9. 55.

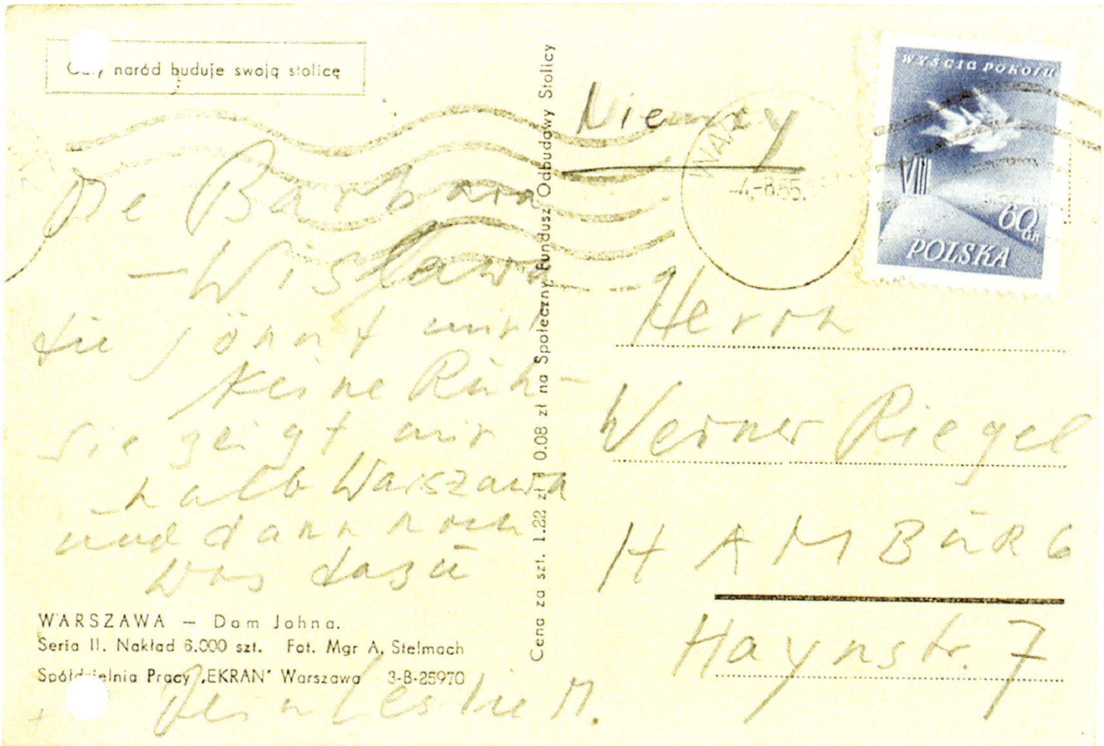
Cały naród buduje swoją stolicę

Niemcy

Die Barbara
–Wisława
die hört und
keine Ruh –
sie zeigt mir
halb Warszawa
und dann noch
was dazu

Herrn
Werner Riegel
HAMBURG
Haynstr. 7

WARSZAWA – Dom Johna.
Seria II. Nakład 6.000 szt. Fot. Mgr A. Stelmach
Spółdzielnia Pracy „EKRAN" Warszawa 3-B-25970

Cena za szt. 1.22 zł + 0.08 zł na Społeczny Fundusz Odbudowy Stolicy

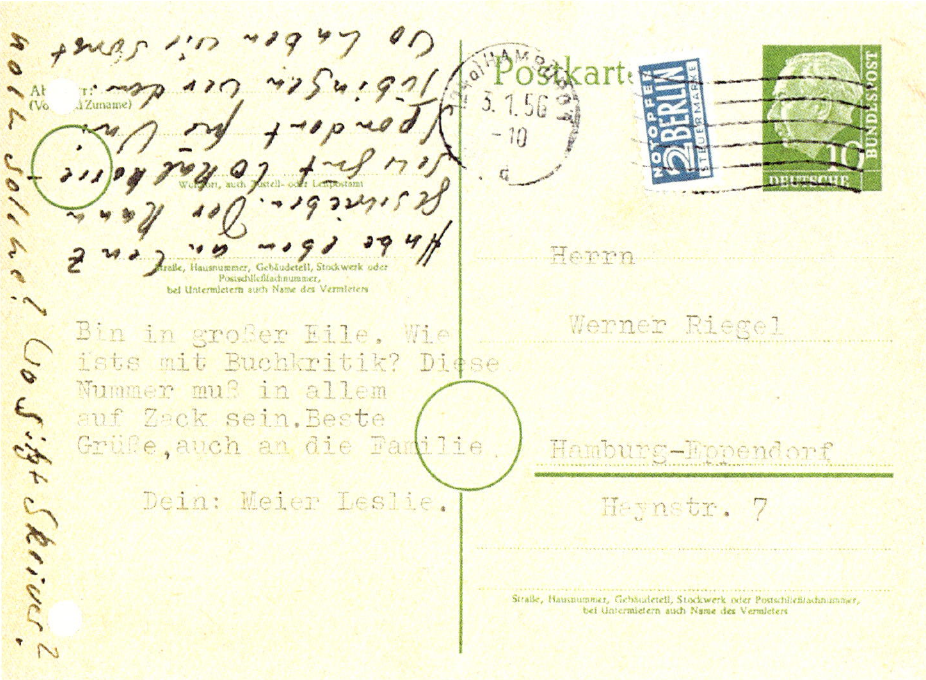
Postkarte

Bin in großer Eile. Wie ists mit Buchkritik? Diese Nummer muß in allem auf Zack sein.Beste Grüße,auch an die Familie

Dein: Meier Leslie.

Herrn

Werner Riegel

Hamburg-Eppendorf

Heynstr. 7

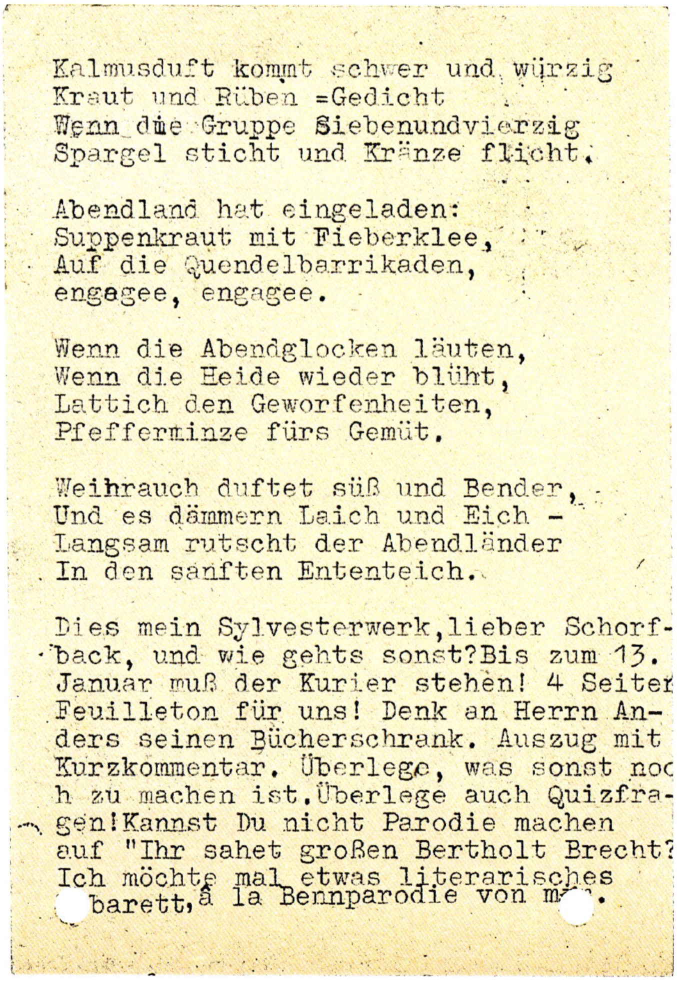
Kalmusduft kommt schwer und würzig
Kraut und Rüben =Gedicht
Wenn die Gruppe Siebenundvierzig
Spargel sticht und Kränze flicht.

Abendland hat eingeladen:
Suppenkraut mit Fieberklee,
Auf die Quendelbarrikaden,
engagee, engagee.

Wenn die Abendglocken läuten,
Wenn die Heide wieder blüht,
Lattich den Geworfenheiten,
Pfefferminze fürs Gemüt.

Weihrauch duftet süß und Bender,
Und es dämmern Laich und Eich -
Langsam rutscht der Abendländer
In den sanften Ententeich.

Dies mein Sylvesterwerk,lieber Schorfback, und wie gehts sonst?Bis zum 13. Januar muß der Kurier stehen! 4 Seiten Feuilleton für uns! Denk an Herrn Anders seinen Bücherschrank. Auszug mit Kurzkommentar. Überlege, was sonst noch zu machen ist.Überlege auch Quizfragen!Kannst Du nicht Parodie machen auf "Ihr sahet großen Bertholt Brecht? Ich möchte mal etwas literarisches Kabarett, à la Bennparodie von m...

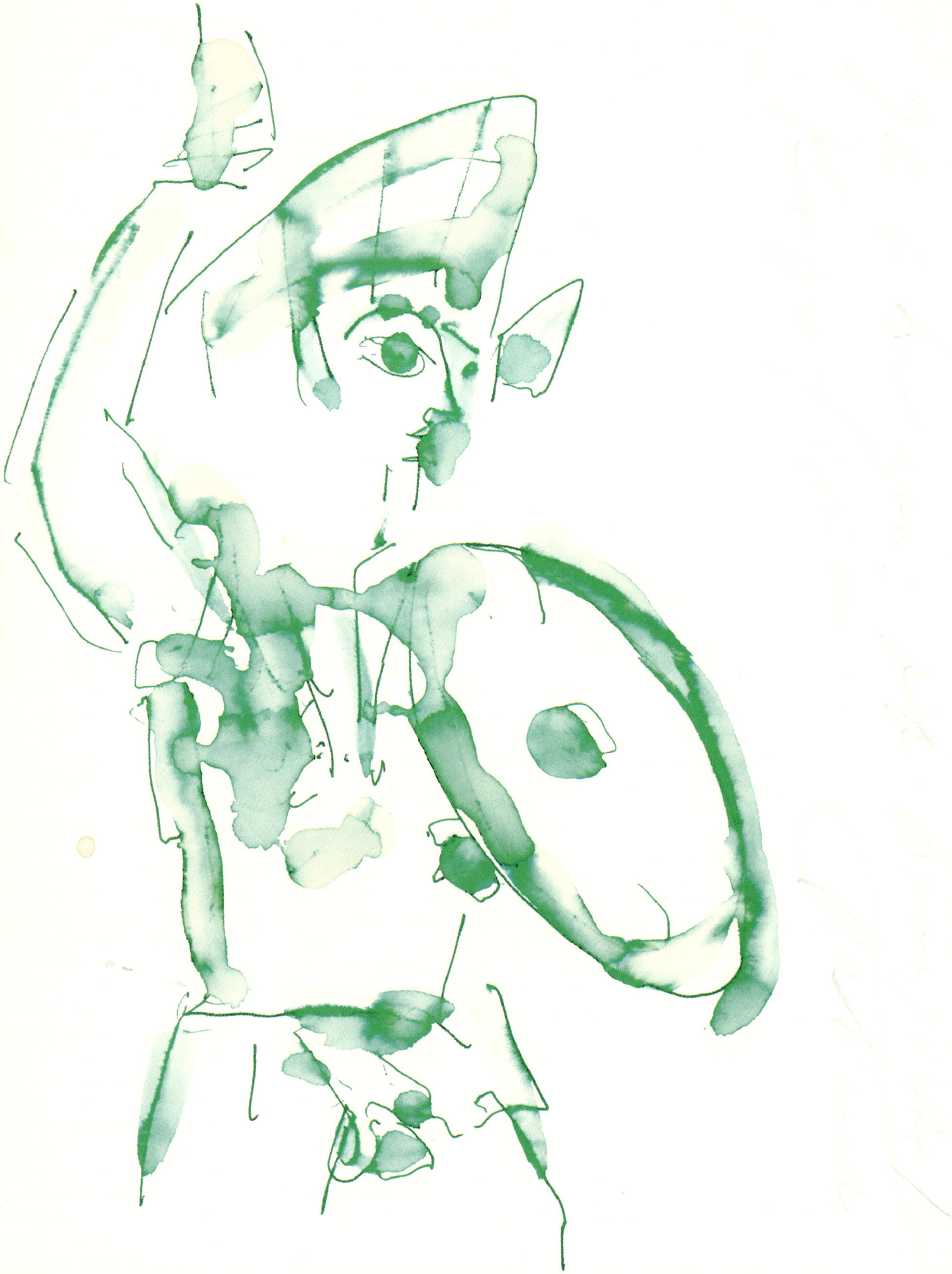

HOTEL STEINPLATZ
BES. ERNA ZELLERMAYER
1 BERLIN 12 · UHLANDSTRASSE 197
TELEFON SAMMEL-NR. 32 39 51 · FERNSCHREIBER 018 3410 · TELEGRAMM-ADRESSE STEINPLATZHOTEL
Nr. 1756 C. 4000. V. 64 F. RWB. Absender ist nicht das Hotel
BANK FÜR HANDEL UND INDUSTRIE
DRESDNER BANK
HAUPTVERWALTUNG: BERLIN 12 (CHARLOTTENBURG) · UHLANDSTRASSE 9-11 · ECKE KANTSTRASSE · TELEFON: 32 52 61

D a m e n :

Tania Ultime

Flave Veti

Larthia Apsis

Tanachvil Sprinte

Velia Velimna

etc. –

s. 17. Bild:Das Bühnen - bild sollte vor allem kenntlich machen, daß wir eine orientalisch bunte Welt wuchernden Handels, und wabriger Religiosität verlassen und das nüchterne Klassenzimmer einer Militär- bürokratie betreten. Rasender politischer Ehrgeiz scheint wie in Aktendecken einge- bunden. Persönliche Lei- denschaften erhalten einen Anstrich von öffentlichen Anliegen vor einem kreidig- grauen Laren-Schrein als Hintergrund.Ein Geruch von Lateinbuch geht sicher nicht ganz an der historischen Wahrheit vorbei.In gebändigt nervösem Disput: die Konsuln Quintus Fabius Gurges, Marcus Fulvius Flaccus, der Zensor Lucius Papiriusm der Praetor Publius Decius.
(Vorschlag: die Togen aus Tarnstoff zu schneidern.)

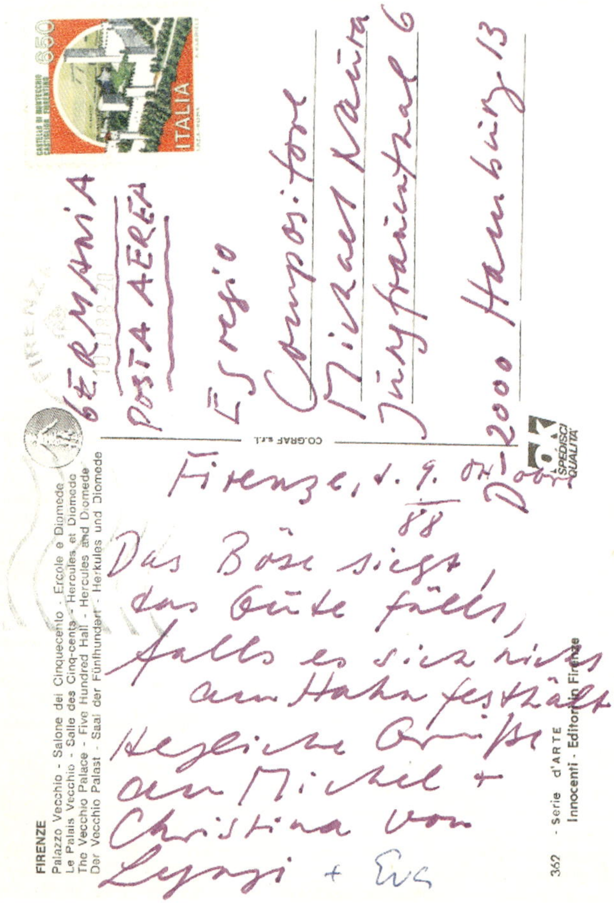

GERMANIA
POSTA AEREA
Espresso
Compositore
Michael Naura
Jungfrauenthal 6
2000 Hamburg 13
Firenze, 1. 9. Okt. 88
Das Böse siegt
das Gute fällt,
falls es sich nicht
am Hahn festhält.
Herzliche Grüße
an Michael +
Christina von
György + Eva
FIRENZE
Palazzo Vecchio - Salone dei Cinquecento - Ercole e Diomede
Le Palais Vecchio - Salle des Cinq-cents - Hercules et Diomede
The Vecchio Palace - Five Hundred Hall - Hercules and Diomede
Der Vecchio Palast - Saal der Fünfhundert - Herkules und Diomede
362 - Serie d'ARTE
Innocenti - Editori in Firenze
CO.GRAF s.r.l.
ITALIA
650

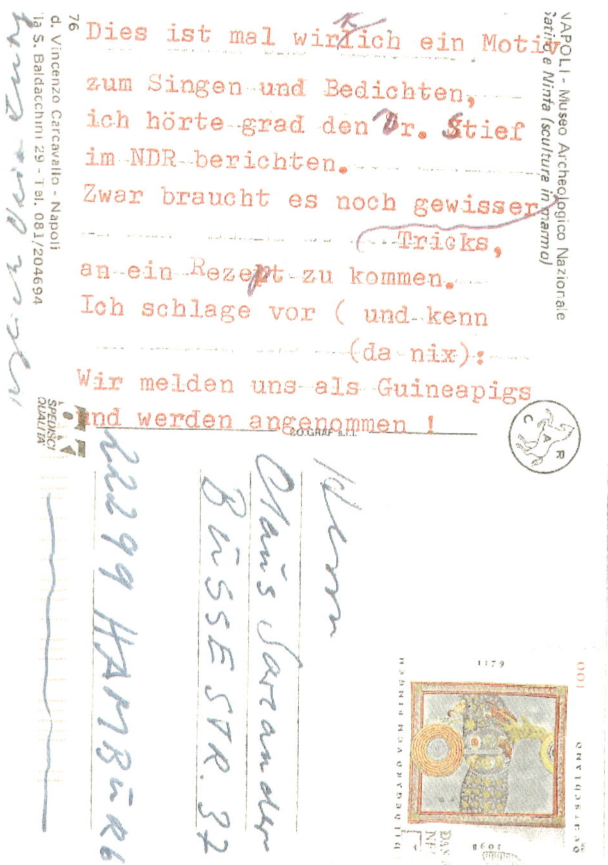

Dies ist mal wirklich ein Motiv
zum Singen und Bedichten,
ich hörte grad den Dr. Stief
im NDR berichten.
Zwar braucht es noch gewisser
Tricks,
an ein Rezept zu kommen.
Ich schlage vor (und kenn
(da nix):
Wir melden uns als Guineapigs
und werden angenommen !
Herrn
Hans Sarzander
BÜSSESTR. 32
2299 HAMBURG 60
NAPOLI - Museo Archeologico Nazionale
Satiro e Ninfa (scultura in marmo)
76
d. Vincenzo Carcavallo - Napoli
Via S. Baldacchini 29 - Tel. 081/204694
CO.GRAF s.r.l.
[illegible]

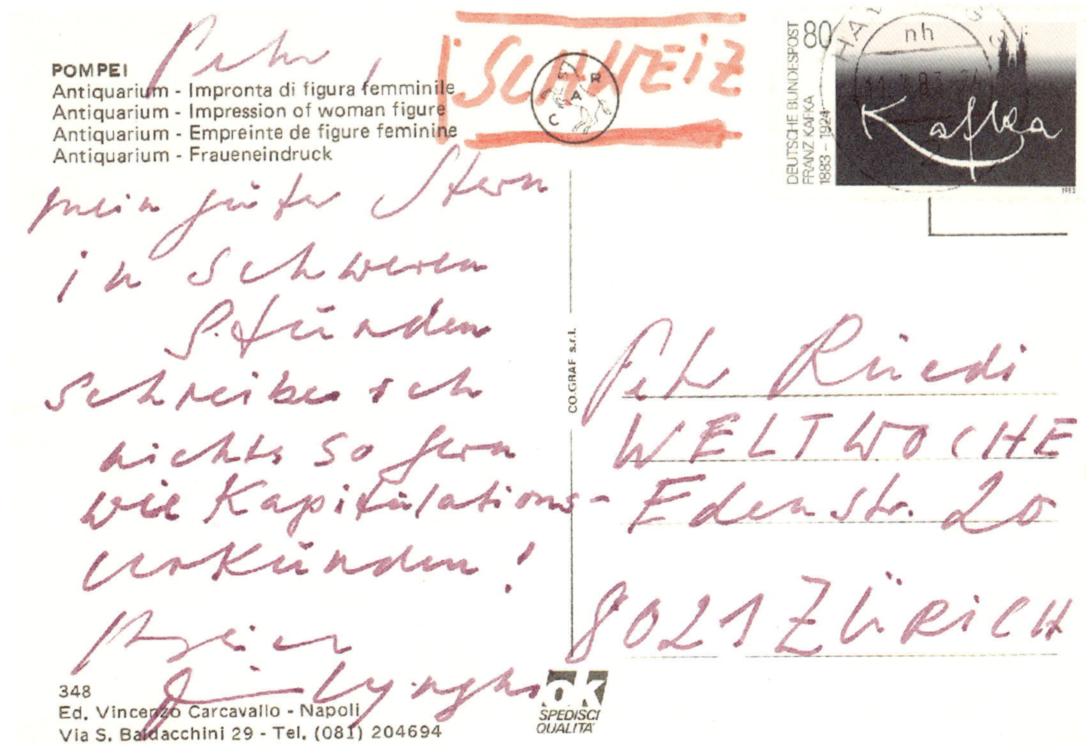
POMPEI
Antiquarium - Impronta di figura femminile
Antiquarium - Impression of woman figure
Antiquarium - Empreinte de figure feminine
Antiquarium - Fraueneindruck

Peter!
mein guter Stern
in Schweren
Stunden
schreibe ich
nichts so gern
wie Kapitulations-
urkunden!
Dein

348
Ed. Vincenzo Carcavallo - Napoli
Via S. Baldacchini 29 - Tel. (081) 204694

SCHWEIZ

DEUTSCHE BUNDESPOST
FRANZ KAFKA
1883 – 1924
80

CO.GRAF s.r.l.

Peter Rüedi
WELTWOCHE
Edenstr. 20
8021 ZÜRICH

ok
SPEDISCI
QUALITA'

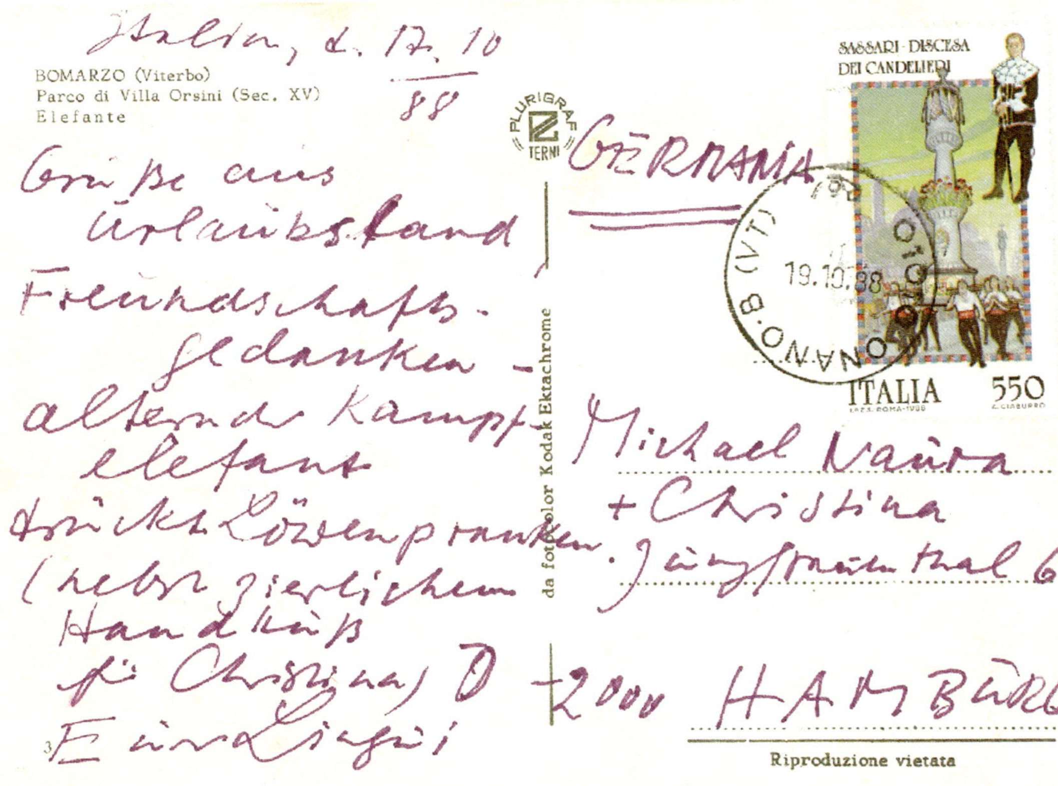

Italia, d. 17.10.88

BOMARZO (Viterbo)
Parco di Villa Orsini (Sec. XV)
Elefante

Grüße aus
Urlaubsland
Freundschafts-
gedanken –
alternder Kampf-
elefant
drückt Löwenpranken
(nebst zierlichem
Handkuss
für Christina) D
Eure Luigi

3

GERMANIA

Michael Naura
+ Christina
Jungfrauenthal 6

2000 HAMBURG

Riproduzione vietata

da fotocolor Kodak Ektachrome

PLURIGRAF TERNI

CORTONA m. 650
Grotta di Pitagora
La Grotte de Pythagore
Pythagoras Cave
Die Pythagoras Grotte

Tuoro, d. 16. Jul 84

Carissimo,
einseitige [illegible]
hab ich [illegible]
angemeldet. Die
Stasi, auch hier
kann man sich [illegible]
[illegible] .. Herzlichst
Luigi + Eva-[illegible]

21

GERMANIA

NDR

Monsignore
Michael Naura
NDR – Jazz
Rothenbaumchaussee

2 Hamburg 13

Riproduzione vietata

da fotocolor Kodak Ektachrome

PLURIGRAF TERNI

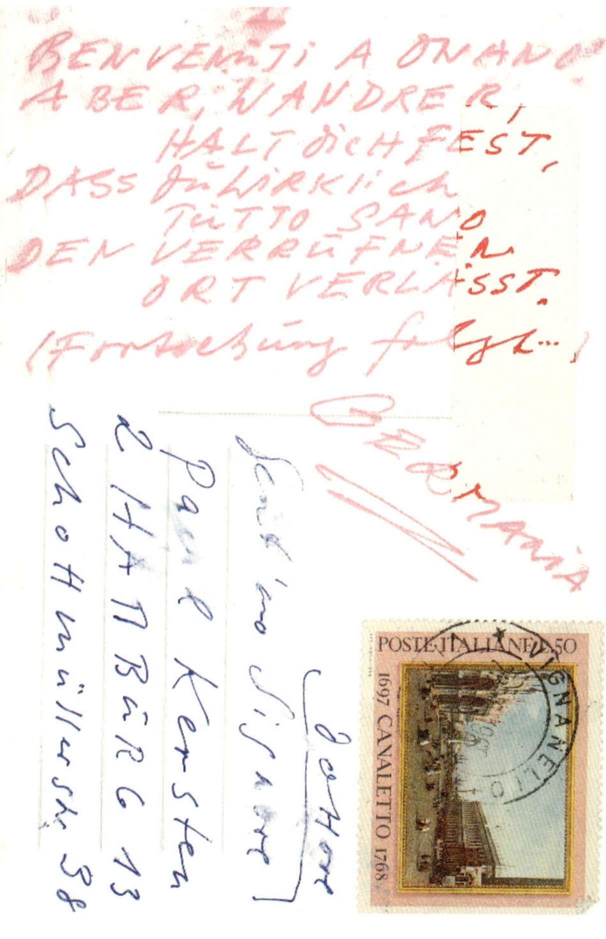
BENVENUTI A ONANO
ABER, WANDRER,
HALT DICH FEST,
DASS DU WIRKLICH
TUTTO SANO
DEN VERRUFNEN
ORT VERLÄSST.
(Fortsetzung folgt…)
GERMANIA
Sent.mo Signore
Paul Kersten
2 HAMBURG 13
Schottmüllerstr. 38

II
DENN DIE FALLEN SIND IMMENSE
WENN DU DICH AN DIR VERGINGST
SPÄTESTENS AUF DER CASTRENSE
BLITZT DAS MESSER
SIRRT DIR SENSE
UND ES HAT SICH
AUSGEDINGST!!!
Meinem lieben Paolo
aus meinem neuen Zyklus
"WARNGEDICHTE aus
DER FREMDE"
PER AEREA
GERMANIA
Gent.mo Signor
PAOLO KERSTEN
2 HAMBURG 13 (?)
Schottmüllerstr. 38

25.12.81

Über dieses Ungewächs/ lohnt kein Disputieren.
Weshalb wir es
schlichtweg ex! -
exkommunizieren !
Peter Rühmkorf
habe Lust, im weiten Feld ...

Daß ich Ihr Laudator war,
wahrlich ich bedau'r es.
Wünsche Glück zum Neuen Jahr,
denn dann gibt es Saures.

Jinterchen und Peterchen
sich doch jut verstehterchen
Fast wie Arsch und Hinterchen
Peterchen jrießt Jinterchen

Mein lieber Albert,
schaun wir mal zurück:
auch auf die Zwischenjahre,
auf die schlimmen:
wenn Du es sagst,
hab ich nix gesagt,
dann wird's schon stimmen –
und heut?
Es war die Treue
auf den ersten Blick.

für Albert vom
[illegible] seinem Weg-
gefährten
Peter Rühmkorf
Hamburg, 26.01.
89

Ich wollte Dich lange
schon grüßen
als Auto + Autodidakt
und lege Dir zu Füßen
diesen kleinen Un-
Artefakt –
Ja, ich wollte Dich
unlängst besuchen
und merkte erst während ~~auf~~
der Fahrt
nach Plan der Postkutschen,
man solle nicht
doppelt buchen,
weil es hat nicht Grund
seine Art . . .

Nachneujahrsgruß für
Johannes Nawrath
herzlich von seinem
Om Rüganhag –

Hamburg – Dez. d. 91. Jahres 98

Auf Harrys Memoiren
sieht mich der Dichter an
wie Jochen Kersten vor Jahren,
als er noch aufs Heiraten sann.
Das Buch ist so schön
mit den feinen
Bildern erfrischt und erneuert,
daß sich jedermann über
HEINER
aufs neue freut –

Blicke für Völker Kriegel
von seinem Luigi, der
das Buch schon 2 x verschenkt
hat. Die Dritte wird vor
Vergnügen auf den Rücken fallen . .

Weihnachten 1997
und auf ein langes
neues Jahr!

Für Tommi Bodmer

PETER RÜHMKORF

SELBST III/88

AUS DER FASSUNG

Admonished by the Sirens
insisting ways,
im Spiegelreflektion
des Genfer Sees,
ins Bild zurückgebrochen,
Eliot durch die Brille Pounds,
lethal verschärft
durch Tempus-fugit-sounds,
so teilten wir Reflexe,
Echos, Widerhalle
paar Atemzüge, Augenblicke lang:
EINMALIG WIE WIR ALLE!

HAFFMANS VERLAG
ZÜRICH

Peter Rühmkorf, Zürich d. 14.11.89

Denk ich an D-Land in der Nacht,
dann fehlen mir paar Tassen
im Schrank, allein, daß du schon acht-
zig bist, ist nicht zu fassen.
Ich grüße und umarme Dich
noch inniger als Heinen
und auch abwesend zähl ich mich
untrennbar zu den Deinen!

Herzlichst
für Annes
zum 25 Februar 98
von ihrem Jürgi

Lyngi

HH, d. 7. Sept. 92

Liebes Kläuschen, sehr erfreutchen,
schlimme Zeitchen - alte Leutchen,
böse Zähnchen - kleines Rentchen,
leckes Hähnchen - Kukidentchen,
leichtes Hüstchen - schlechtes Schlafchen,
Gottseidank nicht Jugoslawchen!
Nicht Rumänchen - Kinderheimchen,
nur die wenjen neuen Reimchen.
Immerhinchen festes Häuschen,
in diesem Sinnchen,
liebes Kläuschen!

Herzlichen Dein Lyngi. Einen
Grüße an Danae bitte. Falls
Köln mal wieder, meld dich auch.

Ein kleiner Gruß
zum Jahresschluß
für Dein spezielles Ohr –
Ach, Ulla, manchmal
stell ich mich,
nein, stell ich Dir,
nein, stelle mir,
ja, stelle Dich mir vor
und wünsche meinen
Pegasus
bei Dir privat vors Tor!

Albumvers für Ulla-Special
von ihrem Luigi
Hamburg, d. 20. Dez 97

Holiday Inn®
Erst die Gegend leergeschossen
und den Rest ins Reservat;
gruesse Zenko, den Genossen,
ikal und Demokrat
Absender ist nicht das Hotel

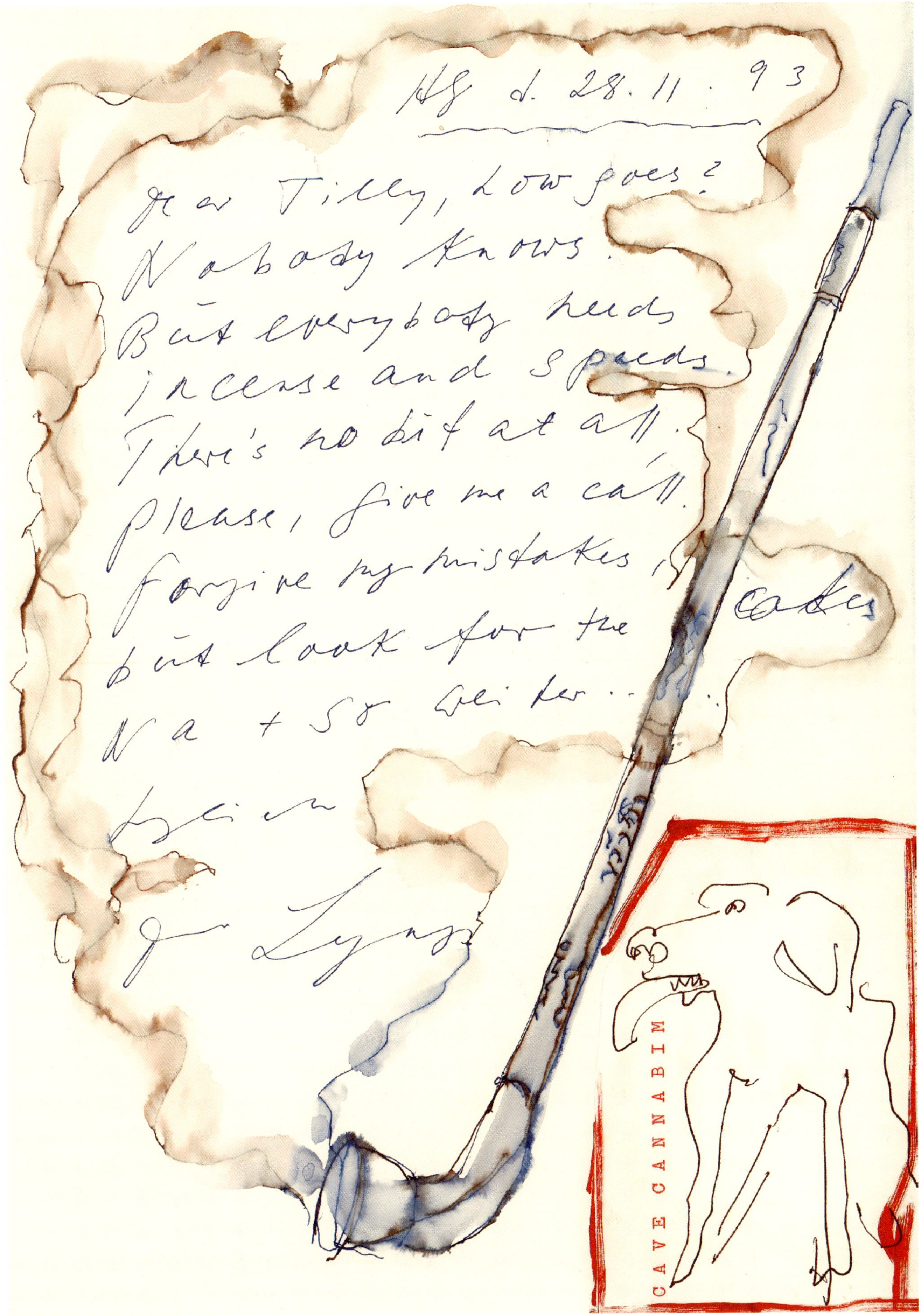
Nobody knows.
But everybody needs
incense and speeds.
please, give me a call.
forgive my mistakes,
but look for the
cakes
CAVE CANNABIM

Der Flieder

…usch, der Krüppel,

scheint wieder

Fontenoy Düppel

Er sah, mein lieber

Stephan O.

manch Waterloo

manch Scapa Flow

… hingeballert

… ihre Himmelfahrt.

von Deinem Peter Rühmkorf –

Technik: Pentel + Spucke –

Ein Gruß an Anna Mikula
per 100.000 Wellchen,
grad noch vorm Haus, schon sind sie da:
Auf bald in Hamburg-Altona
bei Schöllchen oder Felchen.

Nebst passendem Castellchen!

Hbg. d. 8. Juni 96

Bloß nicht den
Kairos verpassen
P. R.
10. 12. 97

Herzlich für
KD Wolff
TRAKL
II
Peter Rühmkorf.
Hamburg d. 19. April 97

Ich weiß nicht was soll es bedeütschen, daß ich so deütschsinnig bin...
Ein Umklappsymbol von den freüdschen, das will mir nicht aus dem Sinn...
(Dichter unbekannt verschollen)
BACHARACH - OBERWESEL
D. 31.1.91

Küß für's Schnäuzel,
Grüß an Heinen –
Merke:
Lyrik
gibt's
den
Seinen!
Weihnachten 1993
Für die Freundinnen und Freunde des
Genossenschaftlichen Betriebes
Heinrich-Heine Buchhandlung
Hamburg im Dezember 1993

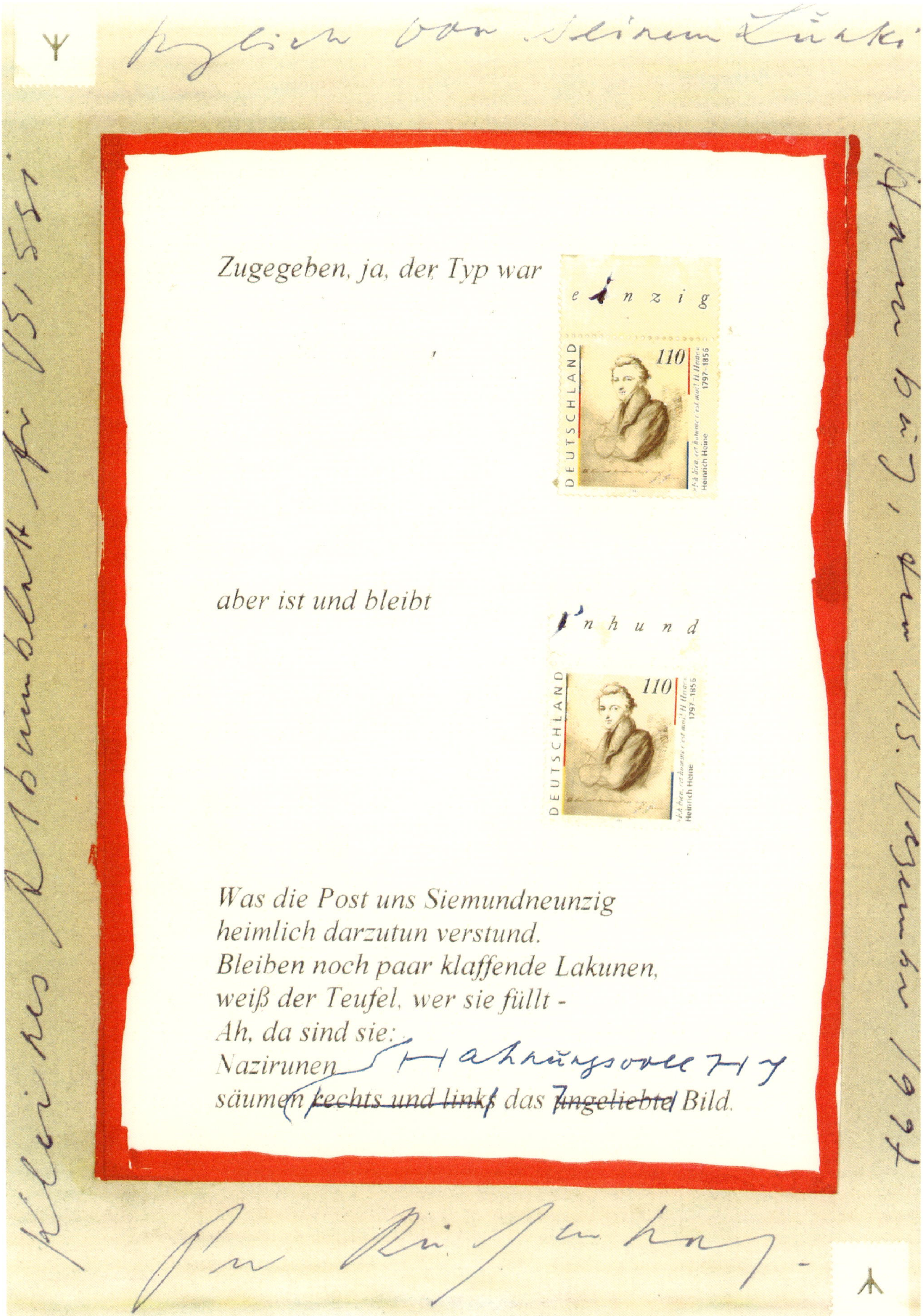
Zugegeben, ja, der Typ war
e [illegible] n z i g
DEUTSCHLAND
110
Heinrich Heine
1797–1856
aber ist und bleibt
[illegible] n h u n d
DEUTSCHLAND
110
Heinrich Heine
1797–1856
Was die Post uns Siemundneunzig
heimlich darzutun verstund.
Bleiben noch paar klaffende Lakunen,
weiß der Teufel, wer sie füllt -
Ah, da sind sie:
Nazirunen
säumen ~~rechts und links~~ das ~~ungeliebte~~ Bild.

Zweierbild statt Birthday-Carmen,
hoffentlich noch zu erkennen ...
Lieber Konrad, laß Dich umarmen
Hamburg d. 3. Juli 98
und der Falz →
Soll uns nicht trennen!

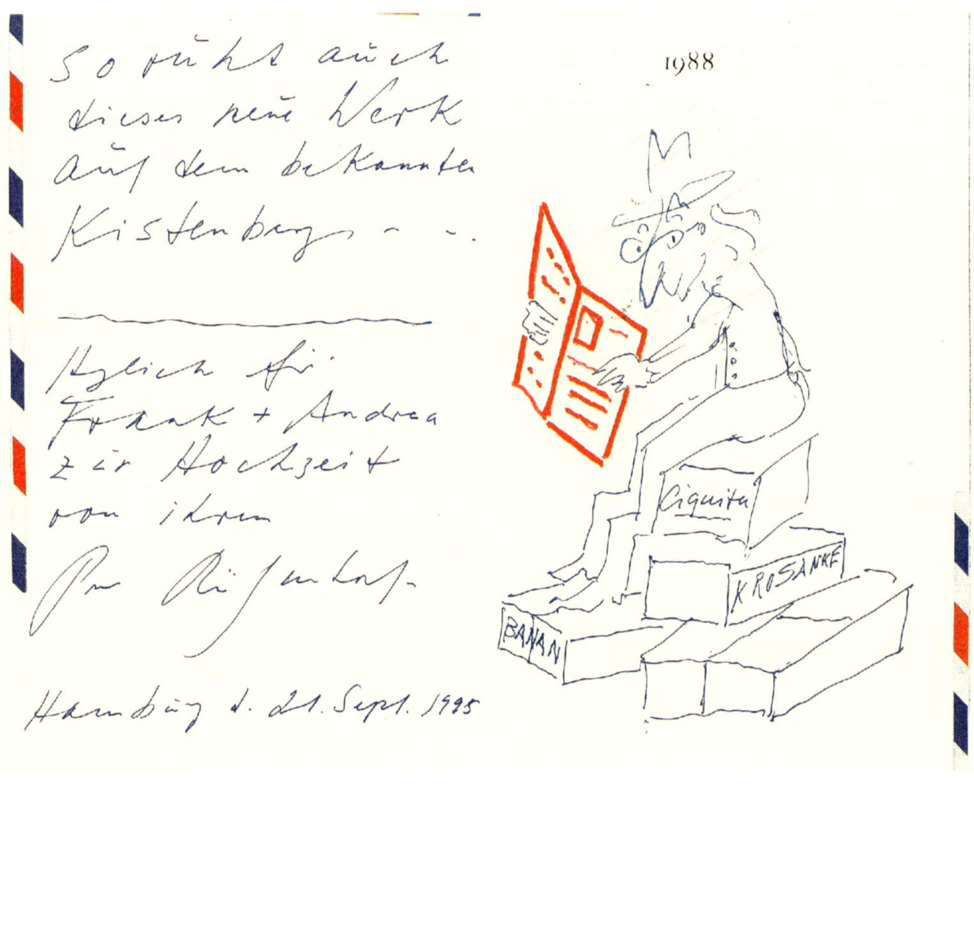
1988
So ruht auch
dieses neue Werk
auf dem bekannten
Kistenberg - - ..
Herzlich für
Frank + Andrea
zur Hochzeit
von ihrem
Hamburg d. 21. Sept. 1995
Ciquita
KROSANKE
BANAN

Gruß unter Artisten!
Wir werden, mein lieber Eckard,
die Schwerkraft schon noch überlisten

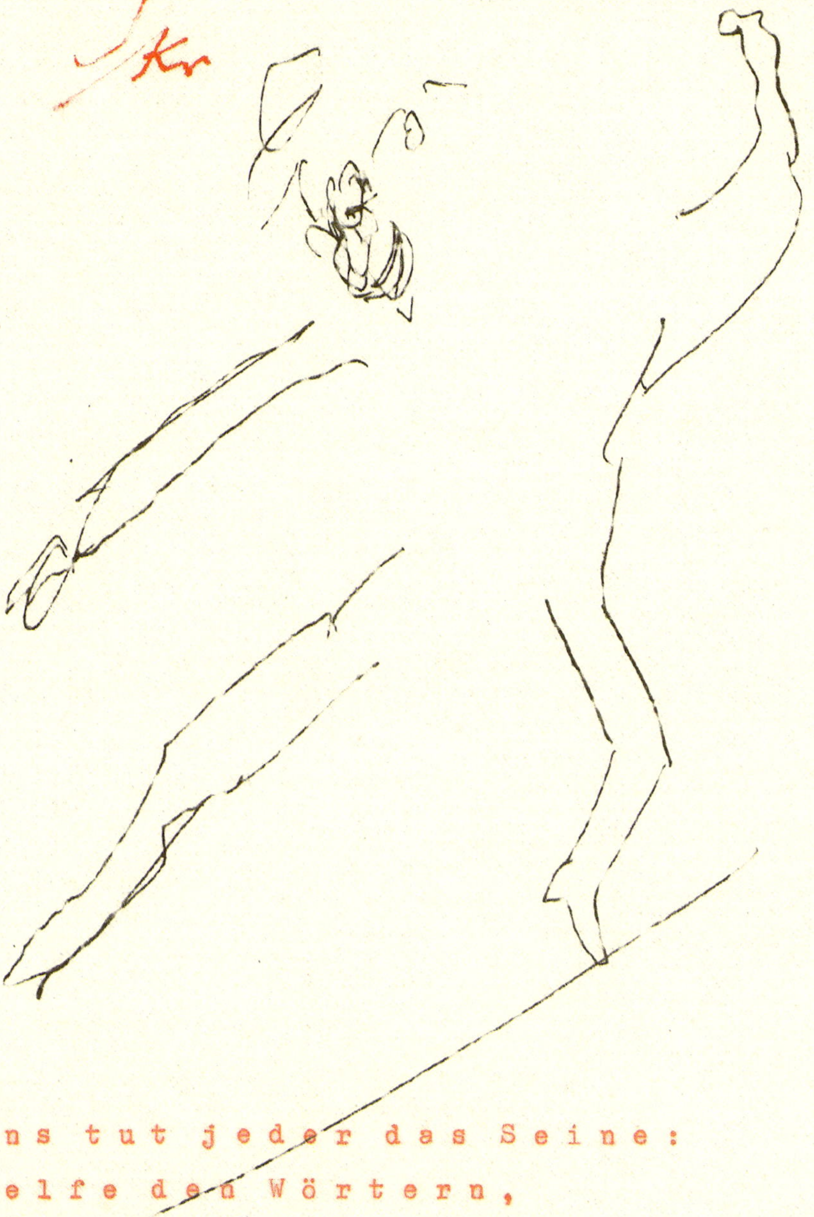

Von uns tut jeder das Seine:
Ich helfe den Wörtern,
Du dem Dichter nochmal auf die Beine!

Jeder Seher verschaut sich

- mal in eine Maid.

Jeder Bildhauer verhaut sich

- mal um ein Scheit.

Nur ein Biermann versaut sich

nie die Gelegenheit.

Gruß an
Hrdlicka
herzlich
von Seinem
[illegible]
Hamburg [illegible]

ALFRED HRDLICKA Österreich: „Es hat schon einmal ein Selbstmörder Antikommunismus, Revanchismus, Aufrüstung propagiert."

Aus der Serie 15 Poster (60 x 84 cm) zu bestellen bei: Künstler für Frieden und Abrüstung in P. A. N. D. internationale. V., Haynstraße 9, 2000 Hamburg 20

P.A.N.D.
Performers and Artists for Nuclear Disarmament

Hundert Jahre
und noch alle Haare,
grenzt das nicht
ans Wunderbare?!

80
DEUTSCHE BUNDESPOST
KARL MAY 1842-1912
Postkarte
Herrn Sekretär
Heinz Ludwig Arnold
Tückermannweg 10
(Straße und Hausnummer oder Postfach)
37085 GÖTTINGEN
stimmungsort)
Biete gut erh. Nymphensittich
gegen fleiß. Sekretär oder Schicksalsvogel

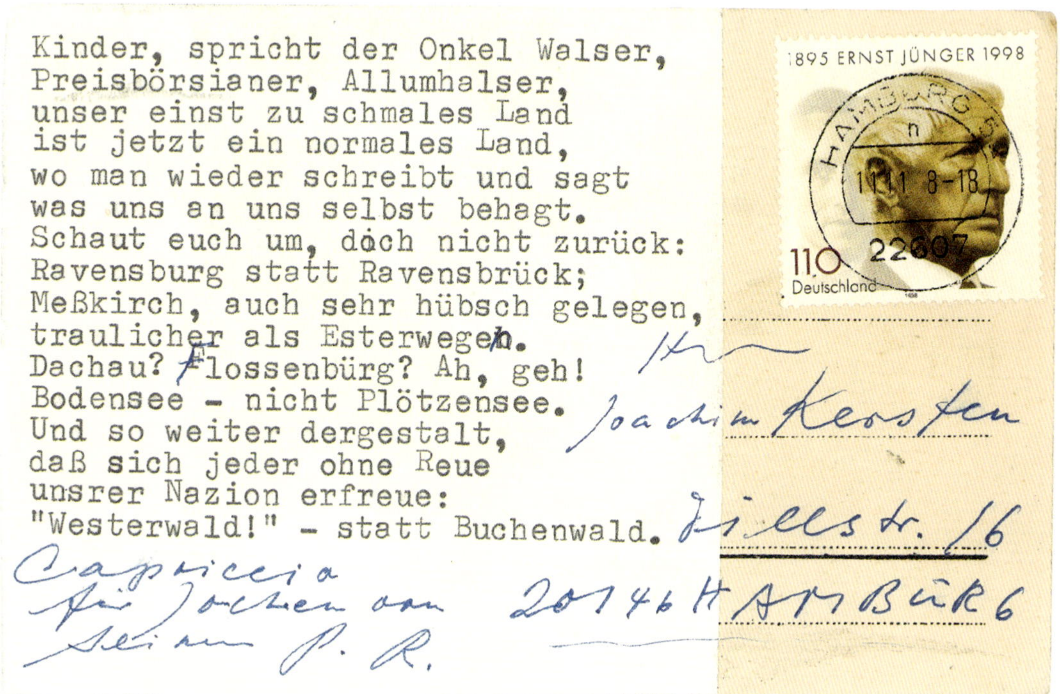
Kinder, spricht der Onkel Walser,
Preisbörsianer, Allumhalser,
unser einst zu schmales Land
ist jetzt ein normales Land,
wo man wieder schreibt und sagt
was uns an uns selbst behagt.
Schaut euch um, doch nicht zurück:
Ravensburg statt Ravensbrück;
Meßkirch, auch sehr hübsch gelegen,
traulicher als Esterwegen.
Dachau? Flossenbürg? Ah, geh!
Bodensee - nicht Plötzensee.
Und so weiter dergestalt,
daß sich jeder ohne Reue
unsrer Nazion erfreue:
"Westerwald!" - statt Buchenwald.

Capriccio
für Jochen von
seinem P. R.

Herrn
Joachim Kersten
Jillsstr. 16
20146 HAMBURG 6

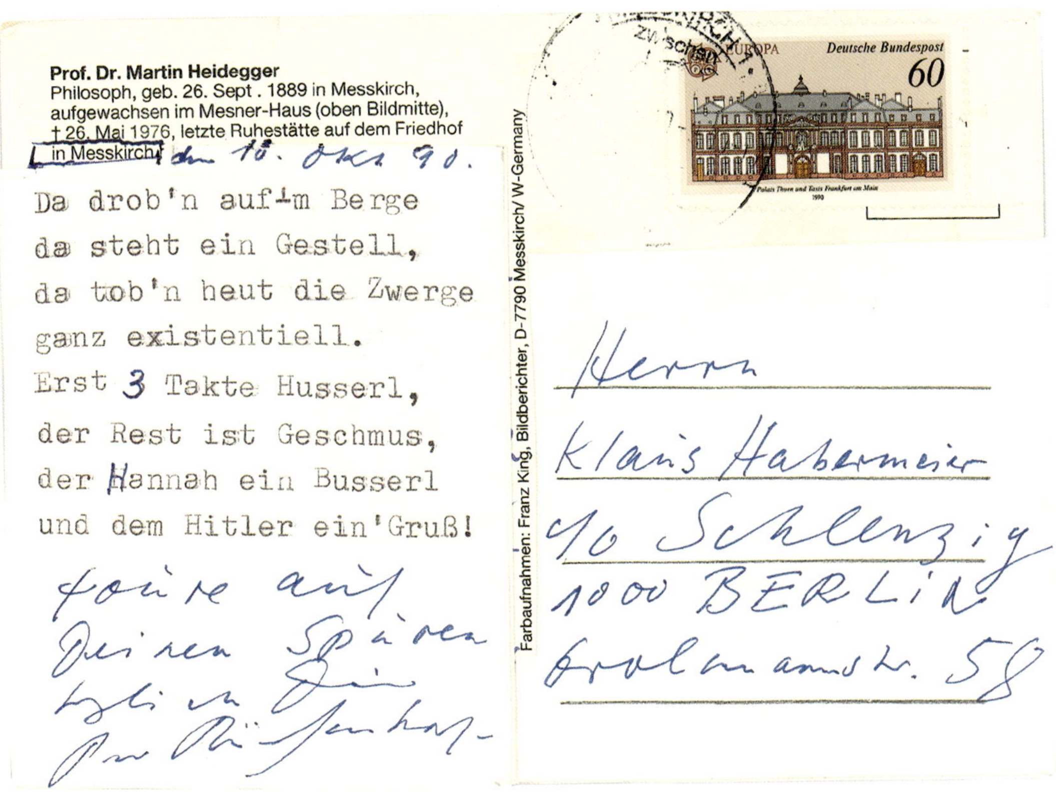
Prof. Dr. Martin Heidegger
Philosoph, geb. 26. Sept . 1889 in Messkirch,
aufgewachsen im Mesner-Haus (oben Bildmitte),
† 26. Mai 1976, letzte Ruhestätte auf dem Friedhof
in Messkirch den 10. Okt. 90.

Da drob'n auf'm Berge
da steht ein Gestell,
da tob'n heut die Zwerge
ganz existentiell.
Erst 3 Takte Husserl,
der Rest ist Geschmus,
der Hannah ein Busserl
und dem Hitler ein'Gruß!

Farbaufnahmen: Franz King, Bildberichter, D-7790 Messkirch/ W-Germany

EUROPA Deutsche Bundespost 60
Palais Thurn und Taxis Frankfurt am Main
1990

Herrn
Klaus Habermeier
c/o Schlenzig
1000 BERLIN
Grolmanstr. 58

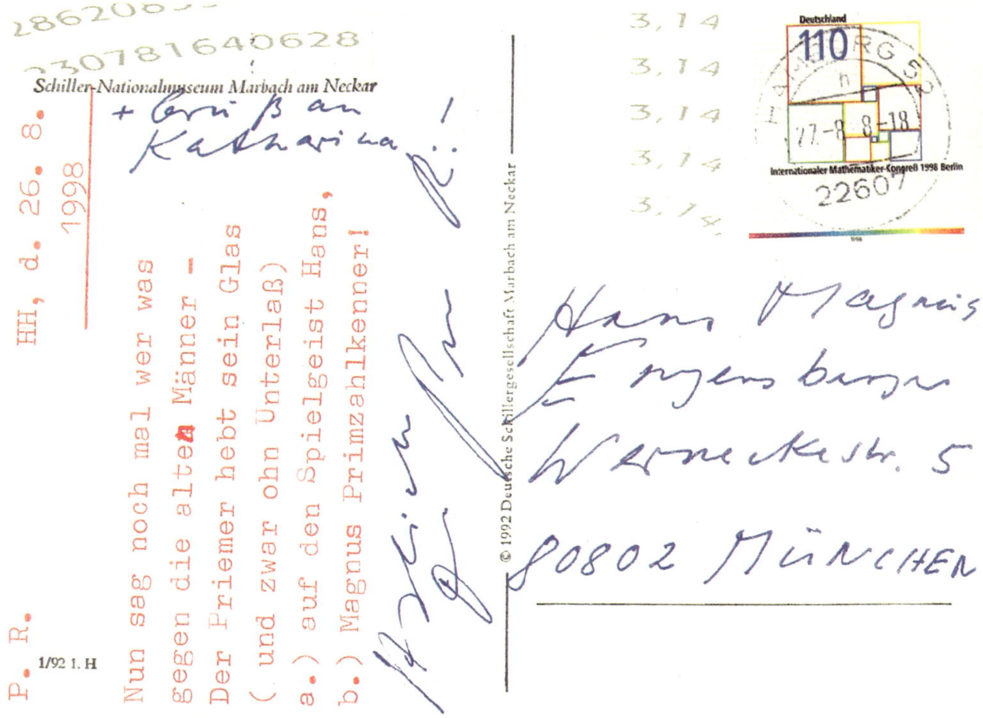
Schiller-Nationalmuseum Marbach am Neckar

HH, d. 26. 8. 1998

+ Grüß an Katharina!

Nun sag noch mal wer was
gegen die alten Männer –
Der Priemer hebt sein Glas
(und zwar ohn Unterlaß)
a.) auf den Spielgeist Hans,
b.) Magnus Primzahlkenner!

P. R.

1/92 1. H

© 1992 Deutsche Schillergesellschaft Marbach am Neckar

3,14
3,14
3,14
3,14
3,14

Deutschland 110

Internationaler Mathematiker-Kongreß 1998 Berlin

Hans Magnus
Enzensberger
Werneckstr. 5
80802 MÜNCHEN

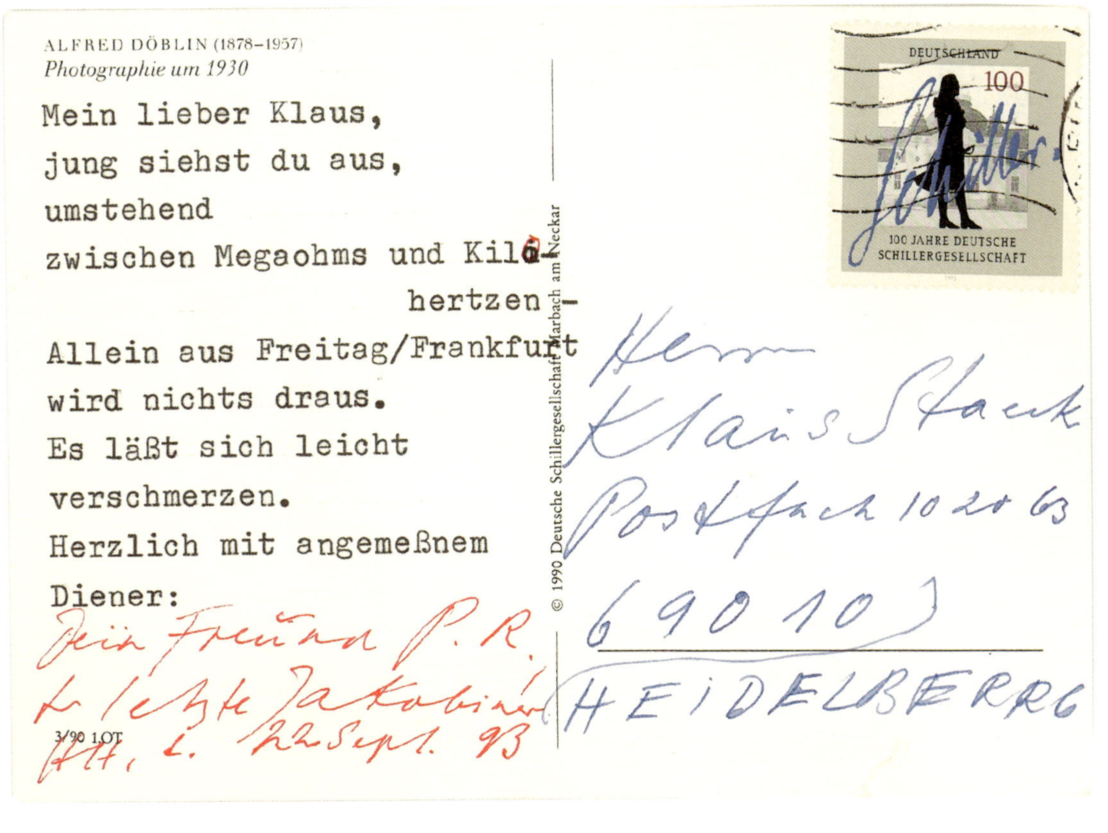

ALFRED DÖBLIN (1878–1957)
Photographie um 1930

Mein lieber Klaus,
jung siehst du aus,
umstehend
zwischen Megaohms und Kilo-
hertzen -
Allein aus Freitag/Frankfurt
wird nichts draus.
Es läßt sich leicht
verschmerzen.
Herzlich mit angemeßnem
Diener:
Dein Freund P. R.
der letzte Jakobiner
HH, d. 22 Sept. 93

3/90 1OT

© 1990 Deutsche Schillergesellschaft Marbach am Neckar

Herrn
Klaus Staeck
Postfach 10 20 63
69010
HEIDELBERG

STEFAN GEORGE (1868–1933)
Photographie aus dem Nachlaß Reinhold Lepsius
Schiller-Nationalmuseum Marbach am Neckar

Lieber Georgie, guten Morgen!
Schönen Gruß nach St. Georgen -
Wünsche dir, soweit es geht,
eine neue, eine schnelle,
eine arti-fizi-elle
na, du weißt:
i - denti - tät!

© 1993 Deutsche Schillergesellschaft Marbach am Neckar

DEUTSCHLAND 100
100 JAHRE DEUTSCHE SCHILLERGESELLSCHAFT

Hans Georg
Heepe
REINBEK
21465

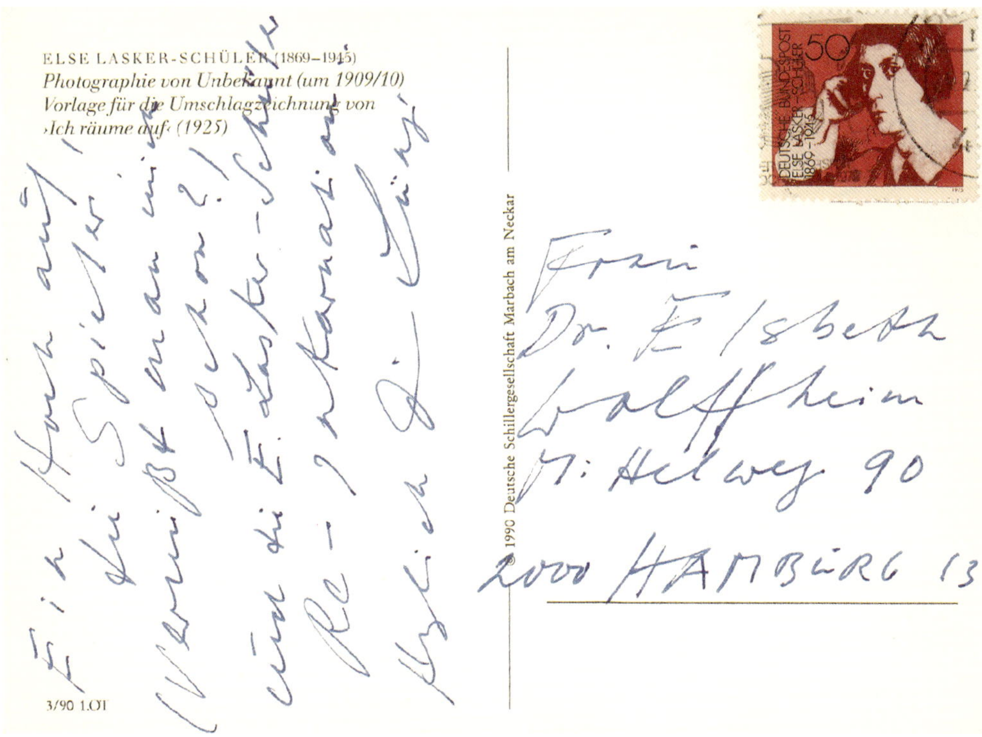

ELSE LASKER-SCHÜLER (1869–1945)
Photographie von Unbekannt (um 1909/10)
Vorlage für die Umschlagzeichnung von ›Ich räume auf‹ (1925)

© 1990 Deutsche Schillergesellschaft Marbach am Neckar

3/90 LO1

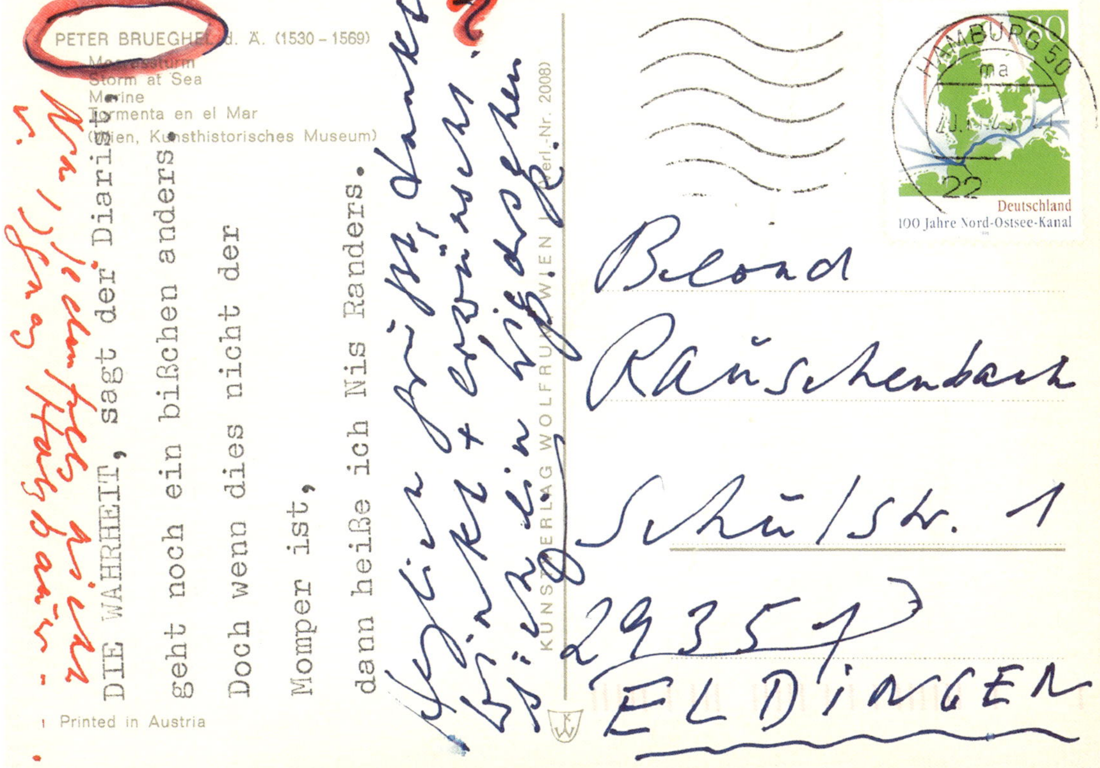
PETER BRUEGHEL d. Ä. (1530 – 1569)
Meeressturm
Storm at Sea
Marine
Tormenta en el Mar
(Wien, Kunsthistorisches Museum)
DIE WAHRHEIT, sagt der Diarist
geht noch ein bißchen anders
Doch wenn dies nicht der
Momper ist,
dann heiße ich Nis Randers.
Printed in Austria
KUNSTVERLAG WOLFRUM WIEN (Verl.-Nr. 2008)
Deutschland
100 Jahre Nord-Ostsee-Kanal

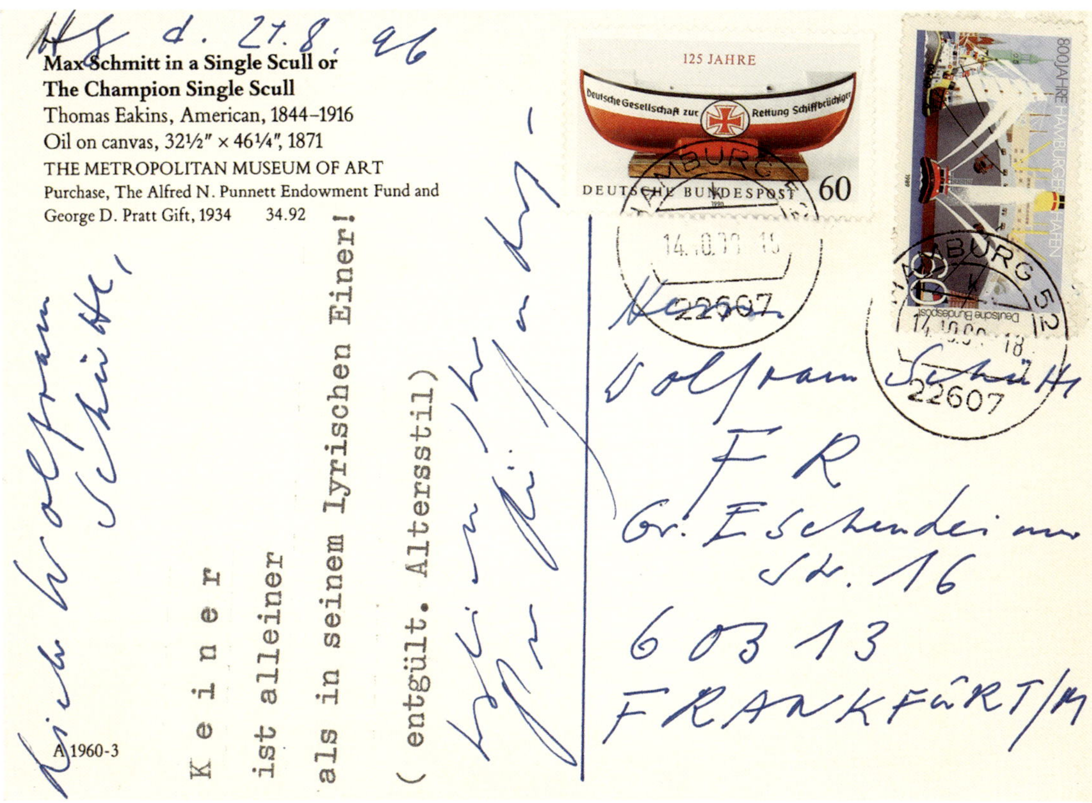
Max Schmitt in a Single Scull or
The Champion Single Scull
Thomas Eakins, American, 1844–1916
Oil on canvas, 32½″ × 46¼″, 1871
THE METROPOLITAN MUSEUM OF ART
Purchase, The Alfred N. Punnett Endowment Fund and
George D. Pratt Gift, 1934 34.92
A 1960-3
K e i n e r
ist alleiner
als in seinem Lyrischen Einer!
(entgült. Altersstil)
125 JAHRE
Deutsche Gesellschaft zur Rettung Schiffbrüchiger
DEUTSCHE BUNDESPOST 60
800 JAHRE HAMBURGER HAFEN

PETER RÜHMKORF

SELBST III/88

AUS DER FASSUNG

HAFFMANS VERLAG
ZÜRICH

Für Stephan Opitz
Zürich am 25. Okt. 89.

PETER RÜHMKORF · AUS DER FASSUNG

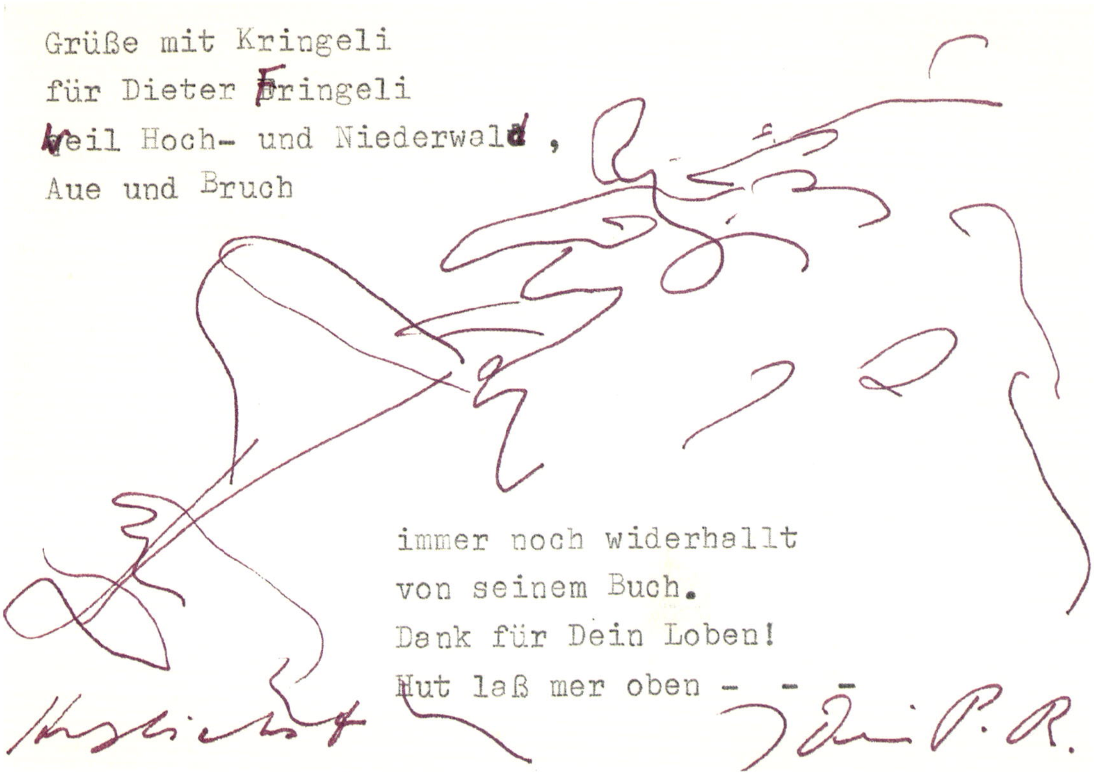
Grüße mit Kringeli
für Dieter Fringeli
weil Hoch- und Niederwald ,
Aue und Bruch
immer noch widerhallt
von seinem Buch.
Dank für Dein Loben!
Hut laß mer oben - - -

Herzlichst
Dein P. R.

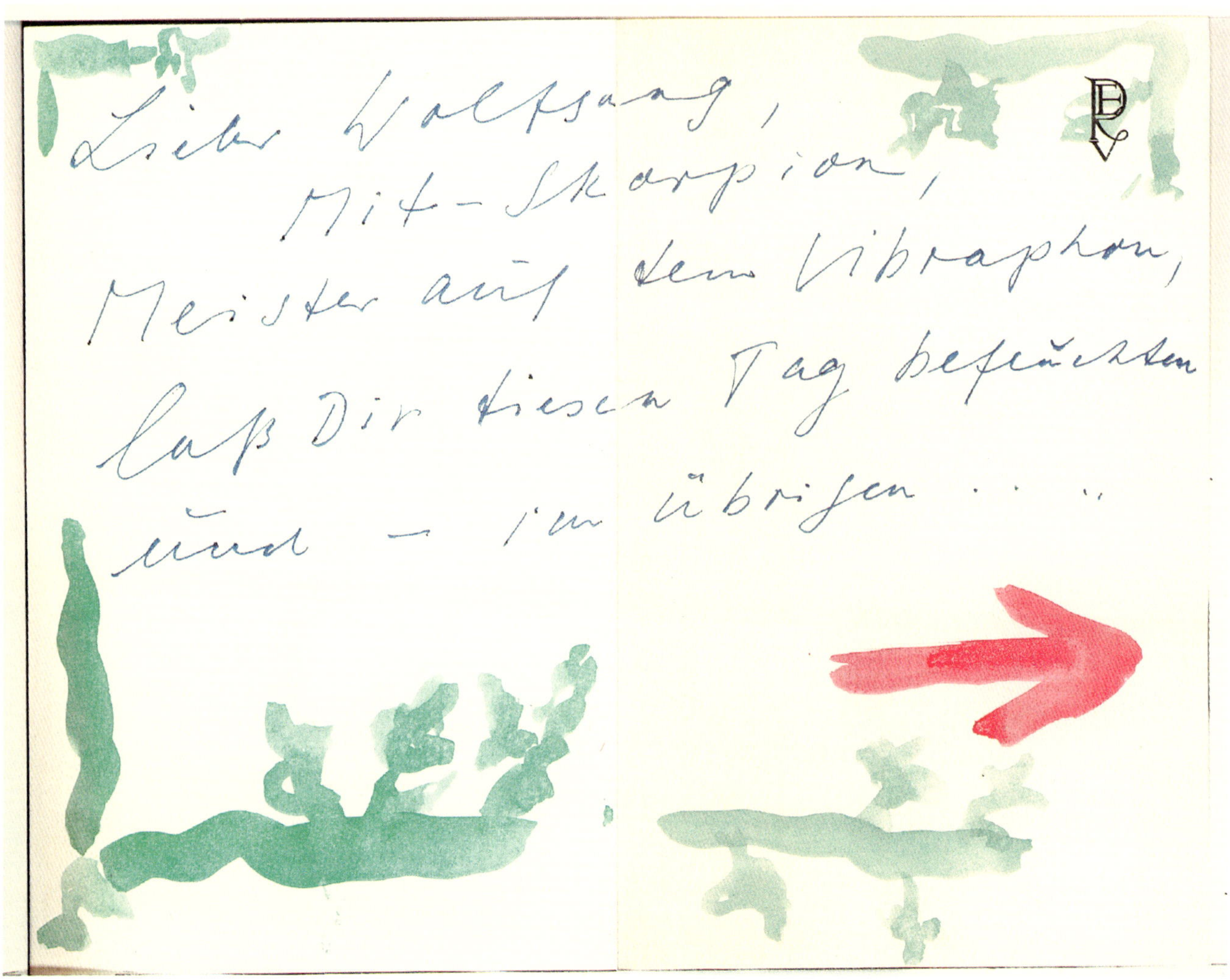
Lieber Wolfgang,
Mit-Skorpion,
Meister auf dem Vibraphon,
laß Dir diesen Tag befeuchten
und – im übrigen . . .

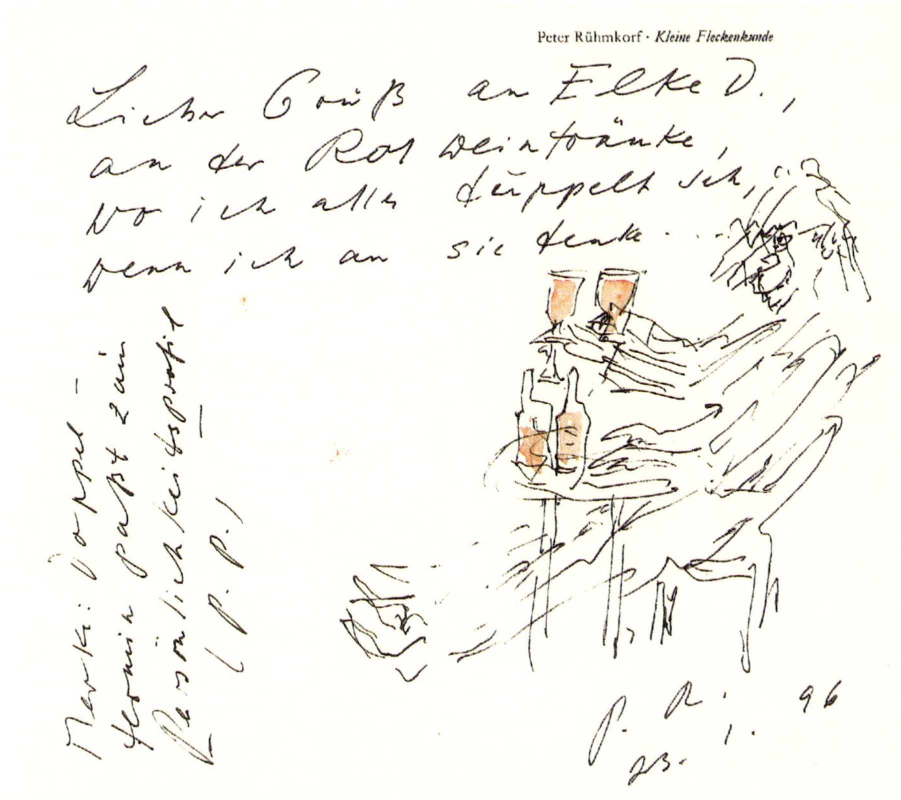
Peter Rühmkorf · Kleine Fleckenkunde
Lieber Gruß an Elke D.,
an der Rotweintränke,
wo ich alles doppelt seh,
wenn ich an sie denke...

I
«Allesinallem»
– Anfälle und Erinnerungen –

Peter Rühmkorf
Durchgangsverkehr – Über das Verhältnis
von Dichtkunst und Drogengenuß
für Otto
Blicke zurück
und schau nach vorn
und nimm den nächsten
Korn aufs Korn
13 Juni 67.

Herzlich grüßt den lieben Mike
sein verhinderter van Dyck
und die beiden Mitverfasser
Mary Hoo und Feuerwasser . . . .
Hamburg
d. 10.12
95

Gerade einen durchgezogen,
auf Dein Wohl,
mein lieber Michel!
Du gestattest:
Durchgangsdrogen,
daß ich gleich noch einen
pichel...

Hamburg den 18. August 1995

Peter Rühmkorf
Durchgangsverkehr – Über das Verhältnis
von Dichtkunst und Drogengenuß

Für Michel Hauptmann
zum 75
herzlich von Deinem Lüngi

Herzlich für Rosi zum Weihnachtsfest 1990.
Was können wir von den Irren lernen?
Hier dichtet man Lyrik in Ekstase auf dem Höhepunkt seiner manischen Phase.

PETER RÜHMKORF

Irdisches Vergnügen in g

ROWOHLT VERLAG HAMBURG

Unpläsiert? – Da lachen wir!
Unsigniert? – Das machen wir!

Herzlich für Wolfgang Rasch
von diesem [illegible] Peter Rühmkorf.
Hamburg, d. 14. Juli 98

Widme Dir was Langgeschwänztes,
(Es entsprang der eignen Hybris)
zum Geburtstag Weinumkränztes:
Teils Exvoto - teils Exlibris.
für Manfred
herzlich
zum 9. Juli 1998

Rotkäppchen
und der
Wolf.

Entblöß das Ohr, die leicht betörte Öse

Immer der Zunge nach,

der läufigen

Souffleuse - -

. . . daß er nicht kippt

but jump for jump

der Jambus weiterwippt

N un (jetzt) naht der Sommer der Sonettenkränze

Jetztx wer ich dir mal was veintellektuedeln -

(einzufädeln - den Mädeln)

Verfluchtes Sommerloch, ich leide Liebe,

und lieb mein (dies) Leiden nicht,

das ist der Punkt

Als ob man mit Satäng an Bernstein riebe,

doch leider, daß der Funke nicht mehr funkt

Schön, wie der Balsaminen lasche Seide

sich um . . . schmiegt - (biegt - verfügt -

Es ziert die Gier, der Wahrheit einzuleuchten,

bis - -

die Zwiebeln feuchten

Hauptsache, daß der Jambus weiterwippt

Geplatzter Fototermin

Ich sprach zum pars pro toto:
Du kommst ~~sehr gut~~ im Foto.

~~Genau~~, darauf das ~~Pars~~:
Du sprichst mir aus dem Ars.

Das ist dir nämlich mitten
aus dem Gesicht geschnitten

Die Nasenwurzelfalte
- - - - -- Spalte

Kinn
Das ~~Herz~~ mit inbegriffen
nur viel zu stark verkniffen -

Und was an mir erfreulich ist,
ist was an Dir abscheulich ist -

Insofern auf ein andres Mal
Du bist mir
nämlich
arschegal -

Acht - Macht - Verdacht - sacht

- - - ausgeliebt - weiterliebt

d'accord

Sowie der Tag die Fackel übergibt

der Nacht,

mit einem Mond sehr sonderbarer Art,

(rot) (bleich) (fahl) im Schador

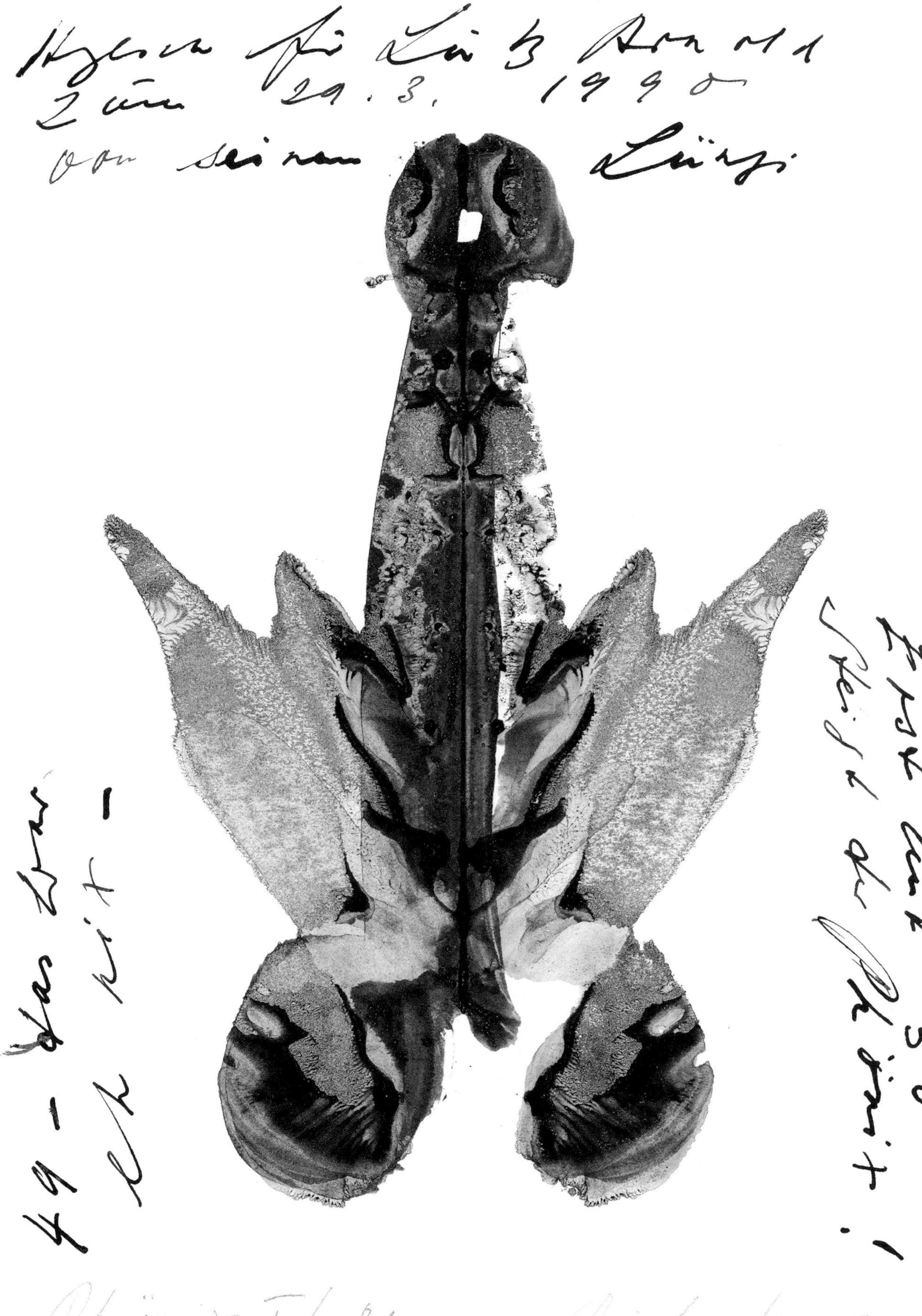
29.3. 1990
Phönix I/81

Steigenberger Hotel Duisburger Hof

D-4100 Duisburg

Am König-Heinrich-Platz, Tel. (0 21 31) 33 10 21

bin irgend wo
und überall

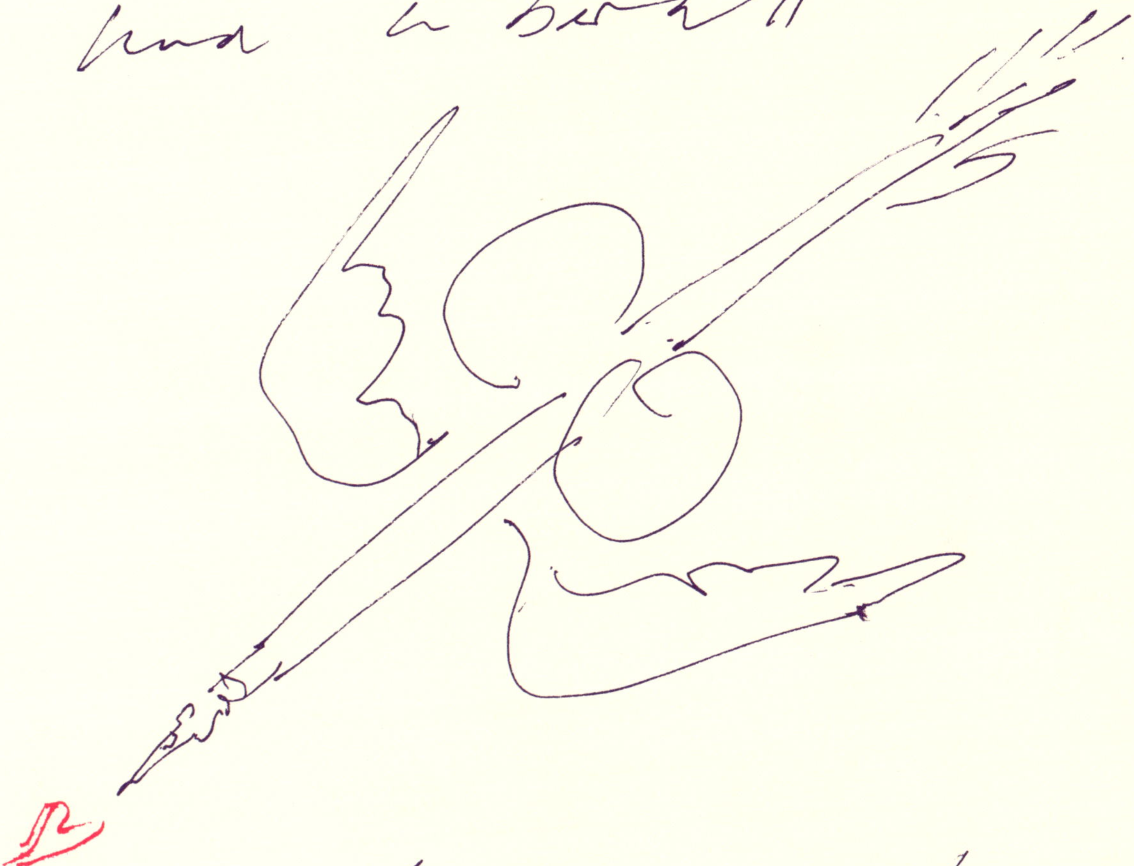

Sehr herzliche grüße
der Flügelschall
dein P. R.

Absender ist Gast im Hotel

Meditation

Antwort auf diesen erbaulichen
Kartengruß

Das sind die Bilder,
die uns Hoffnung geben.
Mit solchem Grabstein
läßt sich leben!
Gut ausgeschlafen
und doch unentschlummert,
Tyrgi-alive mit Gruß
an Irene Münnert.

Hamburg, 4. 7. April 92

USAirmail 28c Blanche Stuart Scott Pioneer Pilot
Familie Meierdierks
Elbchaussee 187
2 Hamburg 52
WEST-GERMANY
Alfred Mainzer, Inc., 27-08 40th Ave., Long Island City, NY 11101
2187
Midtown Manhattan with Empire State, Chrysler and Pan Am Buildings, New York City
wollen wir wetten?
In Manhattan
auf'm Hudson
schwimmt 'n Baum
nur die Dollars
muß man sich
zusammenkaufen
Euer alter Lyasi

6901 SAN PEDRO AVE.
TOWN & COUNTRY LODGE
SAN ANTONIO, TEXAS 78213
DIAMOND 4-4511
TWX 512 571 0907

George Catlin, 1796-1872, *Indian Chief*, ca 1833.
Washington, Smithsonian Institute
American Art Book of 30 Postcards – Magna Books
GERMANY
Deutsche Bundespost
100
Luise Henriette von Oranien
Eddie Rickenbacker
Aviation Pioneer
USA
Klaus + Alice
Sarcander
Büssestr. 37
D-
22296 HAMBU

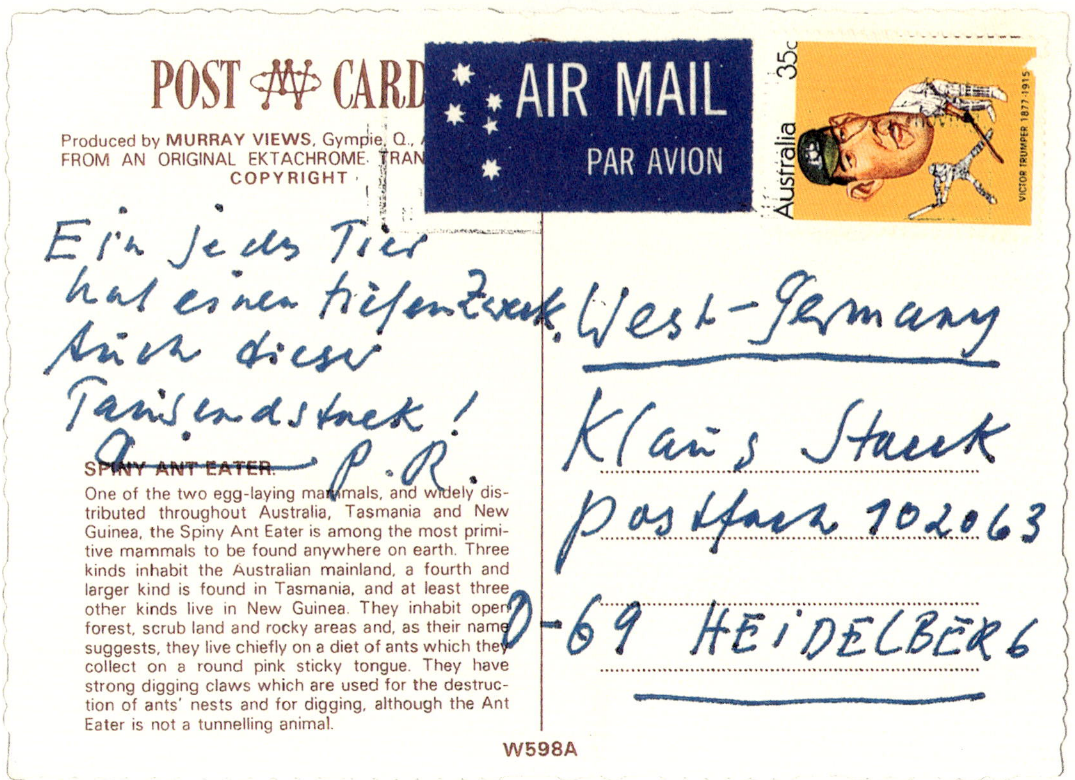

POST CARD

Produced by MURRAY VIEWS, Gympie, Q., A
FROM AN ORIGINAL EKTACHROME TRAN
COPYRIGHT

AIR MAIL

PAR AVION

Australia 35c

VICTOR TRUMPER 1877-1915

Ein jedes Tier
hat einen tiefen Zweck.
Auch dieses
Tausendstück!
P.R.

West-Germany

Klaus Staeck
Postfach 102063
D-69 HEIDELBERG 6

SPINY ANT EATER.

One of the two egg-laying mammals, and widely distributed throughout Australia, Tasmania and New Guinea, the Spiny Ant Eater is among the most primitive mammals to be found anywhere on earth. Three kinds inhabit the Australian mainland, a fourth and larger kind is found in Tasmania, and at least three other kinds live in New Guinea. They inhabit open forest, scrub land and rocky areas and, as their name suggests, they live chiefly on a diet of ants which they collect on a round pink sticky tongue. They have strong digging claws which are used for the destruction of ants' nests and for digging, although the Ant Eater is not a tunnelling animal.

W598A

AUSTRALIAN WILDLIFE

Showing Kookaburra, Lyrebird, the unique Platypus, the Koala and the Kangaroo.

AIR MAIL

PAR AVION

POST CARD

NUCOLORVUE PRODUCTIONS PTY. LTD. (03) 560 1788 PRINTED IN AUSTRALIA

WEST-GERMANY

Elsbeth + Franziska

Wolffheim

Mittelweg 90

2 HAMBURG 13

Alaska's Portage Glacier
Photo by Jim Doane

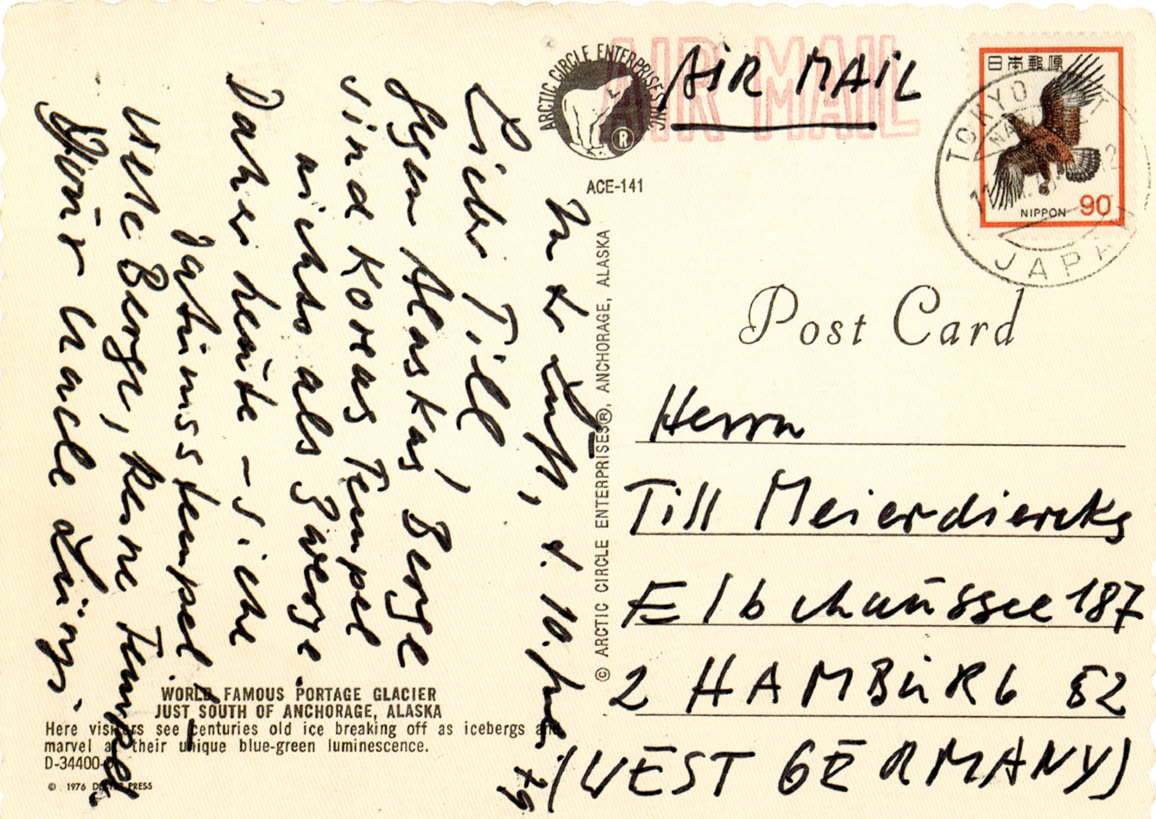
ARCTIC CIRCLE ENTERPRISES INC
ACE-141
AIR MAIL
AIR MAIL
日本郵便
NIPPON 90
TOKYO
JAPAN
Post Card
Herrn
Till Meierdiercks
Elbchaussee 187
2 HAMBURG 52
(WEST GERMANY)
© ARCTIC CIRCLE ENTERPRISES®, ANCHORAGE, ALASKA
WORLD FAMOUS PORTAGE GLACIER
JUST SOUTH OF ANCHORAGE, ALASKA
Here visitors see centuries old ice breaking off as icebergs and marvel at their unique blue-green luminescence.
D-34400
© 1976 DEXTER PRESS

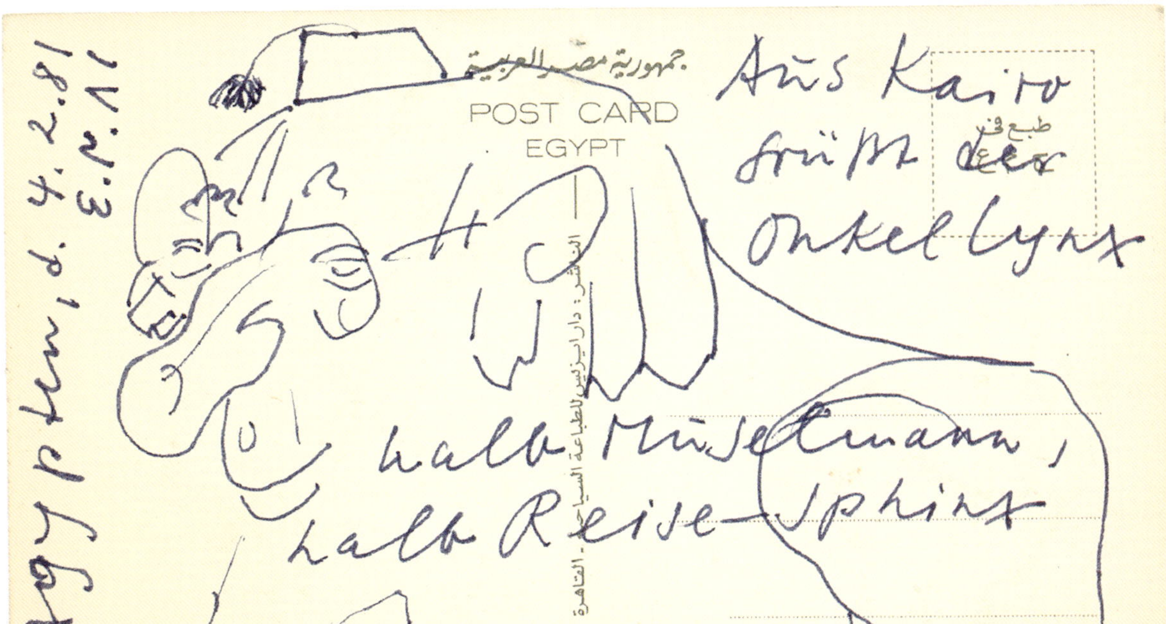

جمهورية مصر العربية
POST CARD
EGYPT
Aus Kairo
grüßt der
Onkel Lynx
halb Muselmann,
halb Reise-Sphinx
Ägypten, d. 4.2.81
الجيزة - أبو الهول

Lavaformations at Lake Mývatn, North
ÍSLAND 20
ALÞJÓÐAPÓSTSAMBANDIÐ UPU 1874-1974
ÍSLAND
INNANLANDSFLUG 50 ÁRA
60
874 ÍSLAND 1974
20
© Published by Sólarfilma, Reykjavik, Iceland
Photo: Ævar Jóhannesson
V-Þyskalandi
Rosi Tiße
Lastropsweg 31
2 HAMBURG 13
Feldbrunnenstr. 31b

Gamall gígur á
Veiðivatnasvæðinu
An extinct crater in
Et udslukket krater ved
Ein ausgestorbener Krater
ÍSLAND
Dr. Alexander Jóhannesson
INNANLANDSFLUG 50 ÁRA
60
ÍSLAND 20
ALÞJÓÐAPÓSTSAMBANDIÐ
UPU 1874-1974
874 ÍSLAND 1974
20
Kortaútgáfa Guðmundar Hannessonar Reykjavík
EDDA FOTO
213
Reykjavik
16.3.80
V-Þýskalandi
Wolffheim
Mittelweg 90
2 HAMBURG 13

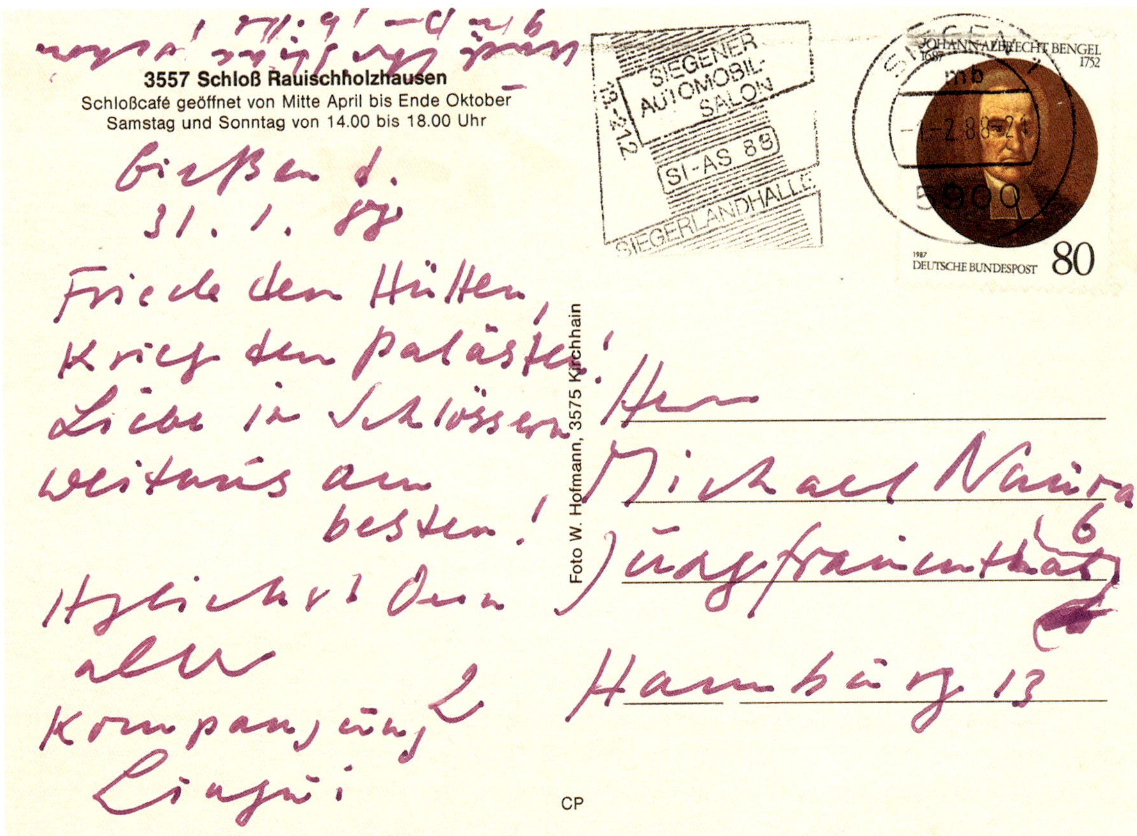

[illegible]

3557 Schloß Rauischholzhausen
Schloßcafé geöffnet von Mitte April bis Ende Oktober
Samstag und Sonntag von 14.00 bis 18.00 Uhr

Gießen d.
31. 1. 88

Friede den Hütten,
Krieg den Palästen!
Liebe in Schlössern
weitaus am
besten!
Herzlichst Dein
alter
Kompanjüng 2
[illegible]

Herrn
Michael Naura
Jungfrauenthal 26
Hamburg 13

Foto W. Hofmann, 3575 Kirchhain

CP

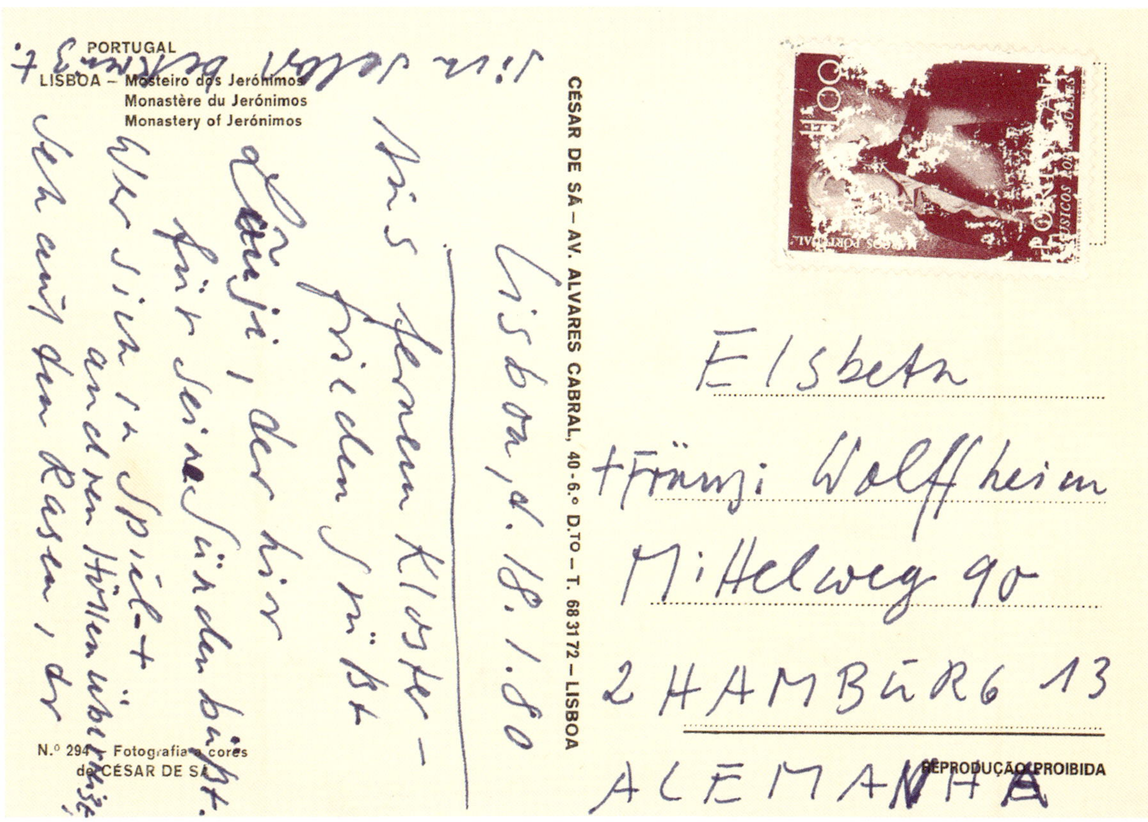
PORTUGAL
LISBOA – Mosteiro dos Jerónimos
Monastère du Jerónimos
Monastery of Jerónimos

N.º 294 – Fotografia a cores de CÉSAR DE SÁ

CÉSAR DE SÁ – AV. ALVARES CABRAL, 40-6.º D.TO – T. 68 3172 – LISBOA

REPRODUÇÃO PROIBIDA

Lisboa, d. 18.1.80

Elsbeth
+ Fränzi Wolffheim
Mittelweg 90
2 HAMBURG 13
ALEMANHA

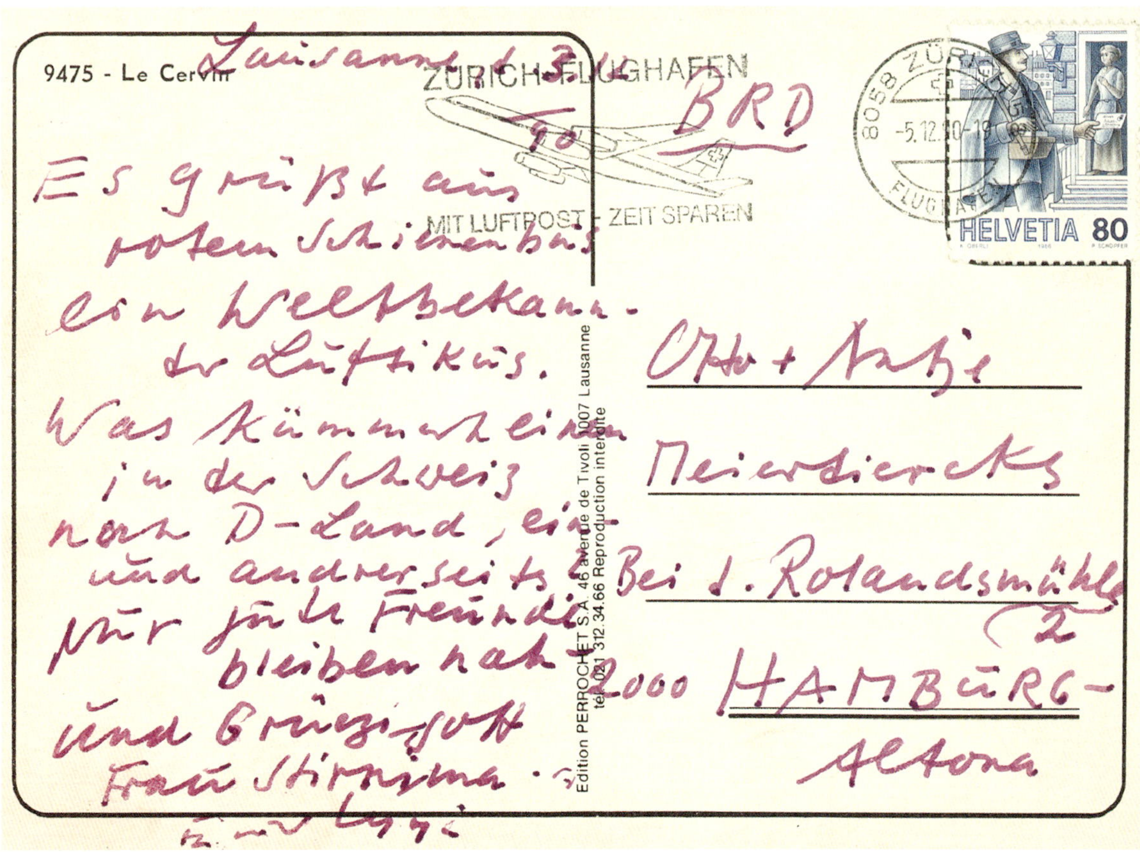

9475 - Le Cervin

Lausanne d. 3. ...
90

BRD

Es grüßt aus
rotem Schienenbus
den Weltbekann-
ten Luftikus.
Was kümmert einen
in der Schweiz
noch D-Land, ein-
und andererseits?
Nur jede Freundin
bleiben nah
und Grüezigott
Frau Stirnima...

ZÜRICH-FLUGHAFEN
MIT LUFTPOST - ZEIT SPAREN

8058 ZÜRICH FLUGHAFEN -5.12.90-19

HELVETIA 80

Edition PERROCHET S.A. 46 avenue de Tivoli 1007 Lausanne
tél. 021 312.34.66 Reproduction interdite

Otto + Antje
Meierdiercks
Bei d. Rolandsmühle 2
2000 HAMBURG-
Altona

"DER MANN IM EIS"
HOMO TYROLENSIS

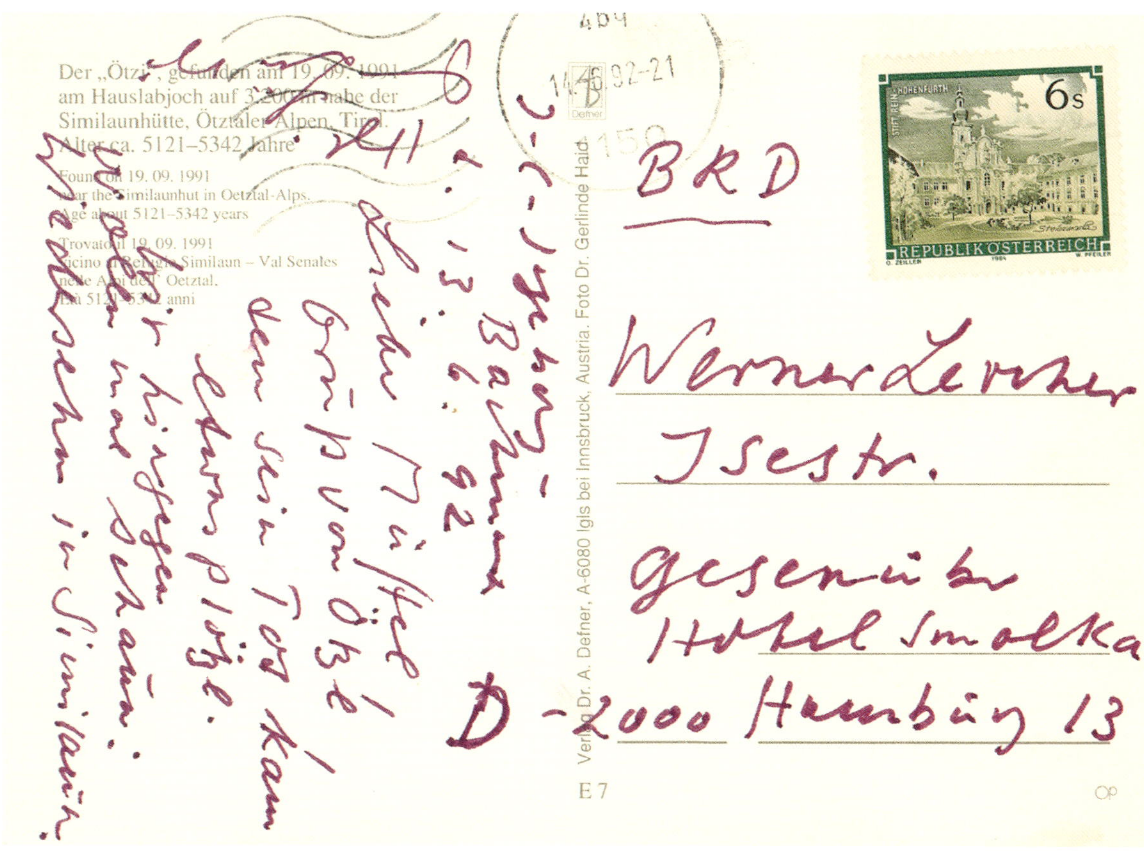
Der „Ötzi", gefunden am 19. 09. 1991 am Hauslabjoch auf 3.200 m nahe der Similaunhütte, Ötztaler Alpen, Tirol. Alter ca. 5121–5342 Jahre
Found on 19. 09. 1991 near the Similaunhut in Oetztal-Alps. Age about 5121–5342 years
Trovato il 19. 09. 1991 vicino al Rifugio Similaun – Val Senales nelle Alpi dell' Oetztal. Età 5121–5342 anni
Verlag Dr. A. Defner, A-6080 Igls bei Innsbruck, Austria. Foto Dr. Gerlinde Haid
E 7
6s
REPUBLIK ÖSTERREICH
BRD
Isestr.
gegenüber Hotel Smolka
D-2000 Hamburg 13

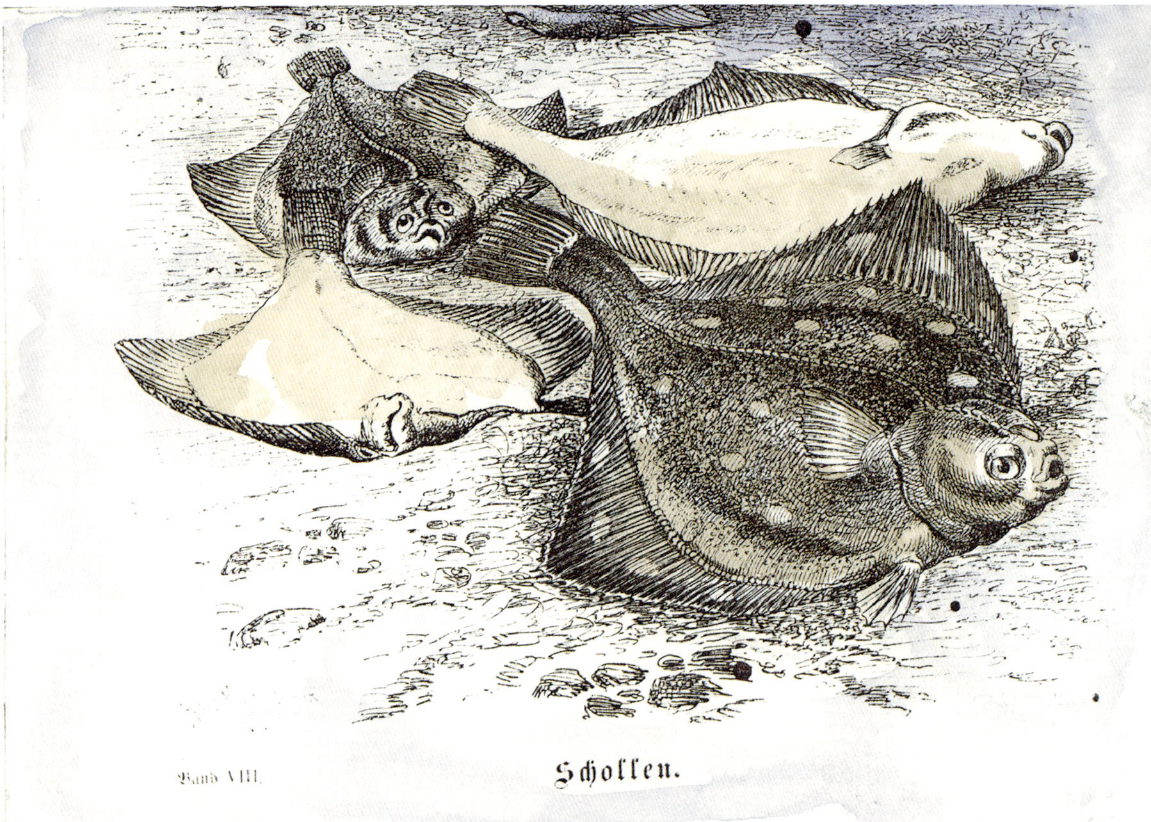

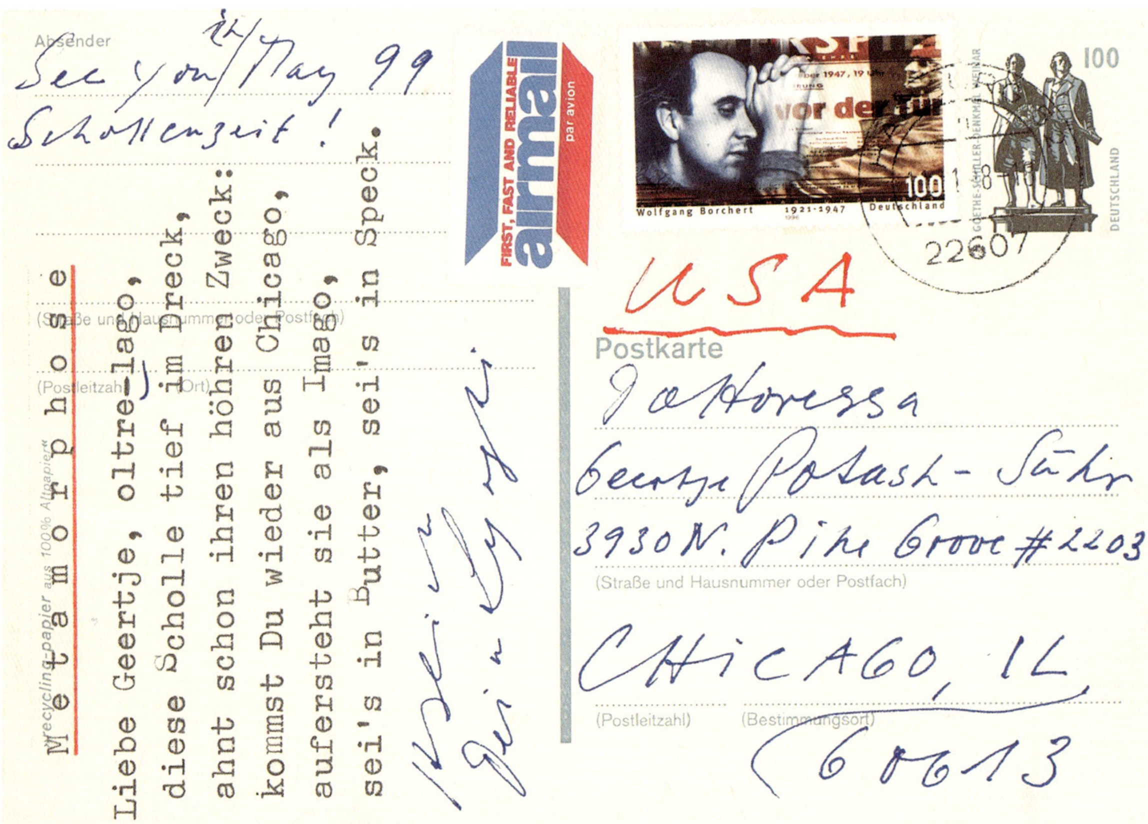

Absender

See you 12/May 99
Schollenzeit!

Metamorphose

Liebe Geertje, oltre-lago,
diese Scholle tief im Dreck,
ahnt schon ihren höhren Zweck:
kommst Du wieder aus Chicago,
aufersteht sie als Imago,
sei's in Butter, sei's in Speck.

(Straße und Hausnummer oder Postfach)
(Postleitzahl) (Ort)

FIRST, FAST AND RELIABLE airmail par avion

Wolfgang Borchert 1921–1947 Deutschland 100

GOETHE-SCHILLER-DENKMAL WEIMAR DEUTSCHLAND 100

USA

Postkarte

Dottoressa
Geertje Potash-Suhr
3930 N. Pine Grove #2203
(Straße und Hausnummer oder Postfach)
CHICAGO, IL
(Postleitzahl) (Bestimmungsort)
60613

WIEN

Wiener Domschnitzel
Gestaltung: Brandstätter, Kubelo, Manikas
styriarte
Das Musikfestival
Tel. 0316 / 81 29 41
6s
REPUBLIK ÖSTERREICH
BRD
Otto + Antje
Bei der Rolands
D-2000 HAMBURG-
Altona
S 44
Diese Ansichtskarte wurde im Rahmen der
"Wien ist anders – Postcardoffensive" gestaltet.
Kutschkergasse 42, A 1180 Wien, Telefon: 0222/31 301

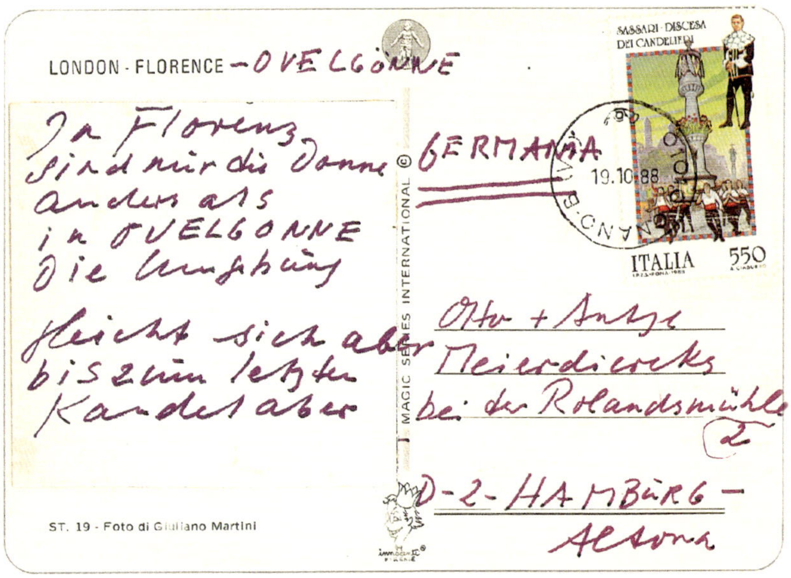
LONDON - FLORENCE - OVELGÖNNE
In Florenz
sind nur die Donne
anders als
in OVELGONNE
Die Umgebung
gleicht sich aber
bis zum letzten
Kandelaber
MAGIC SERIES INTERNATIONAL ©
GERMANIA
SASSARI · DISCESA DEI CANDELIERI
ITALIA 550
19.10.88
Otto + Antje
Meierdiercks
bei der Rolandsmühle
2
D-2-HAMBURG-
Altona
ST. 19 - Foto di Giuliano Martini

STE

spielt die Hymne!
„Phönix voran!"
Hamburg, 1. Januar 82
„Der Mensch ist kein Klavierhocker …"

I Musici
di Roma

Banjo
20. 2
1993

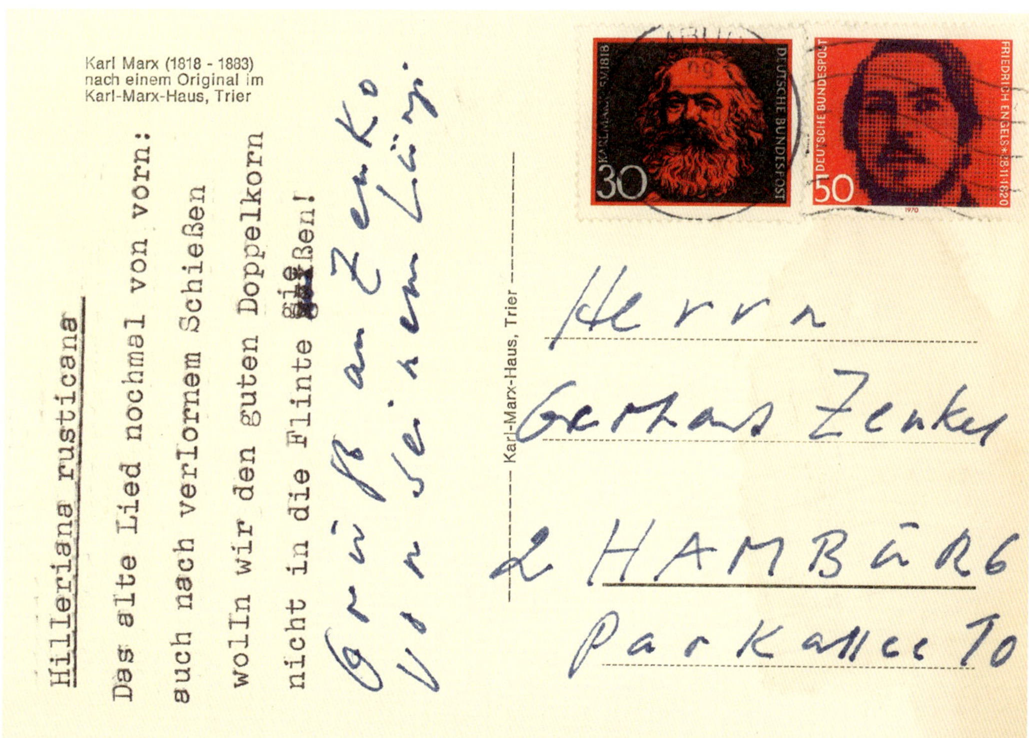

Karl Marx (1818 - 1883)
nach einem Original im
Karl-Marx-Haus, Trier

Hilleriana rusticana

Das alte Lied nochmal von vorn:
auch nach verlornem Schießen
wolln wir den guten Doppelkorn
nicht in die Flinte gießen!

Grüß an Zenko
von seinem [illegible]

Karl-Marx-Haus, Trier

Herrn
Gerhard Zenker
2 HAMBURG 6
Parkallee 70

200 JAHRE
BRANDENBURGER TOR
1791
1991

Und wenn die Einheit noch so stört,
wir kneifen zusammen was zusammen
gehört. -
KUNST UND BILD
DEUTSCHE BUNDESPOST
100
40 JAHRE BUNDESREPUBLIK DEUTSCHLAND
HAMBURG
22607
Herrn
Gerhard Schlenzig
GROLMANNSTR 58
1000 BERLIN

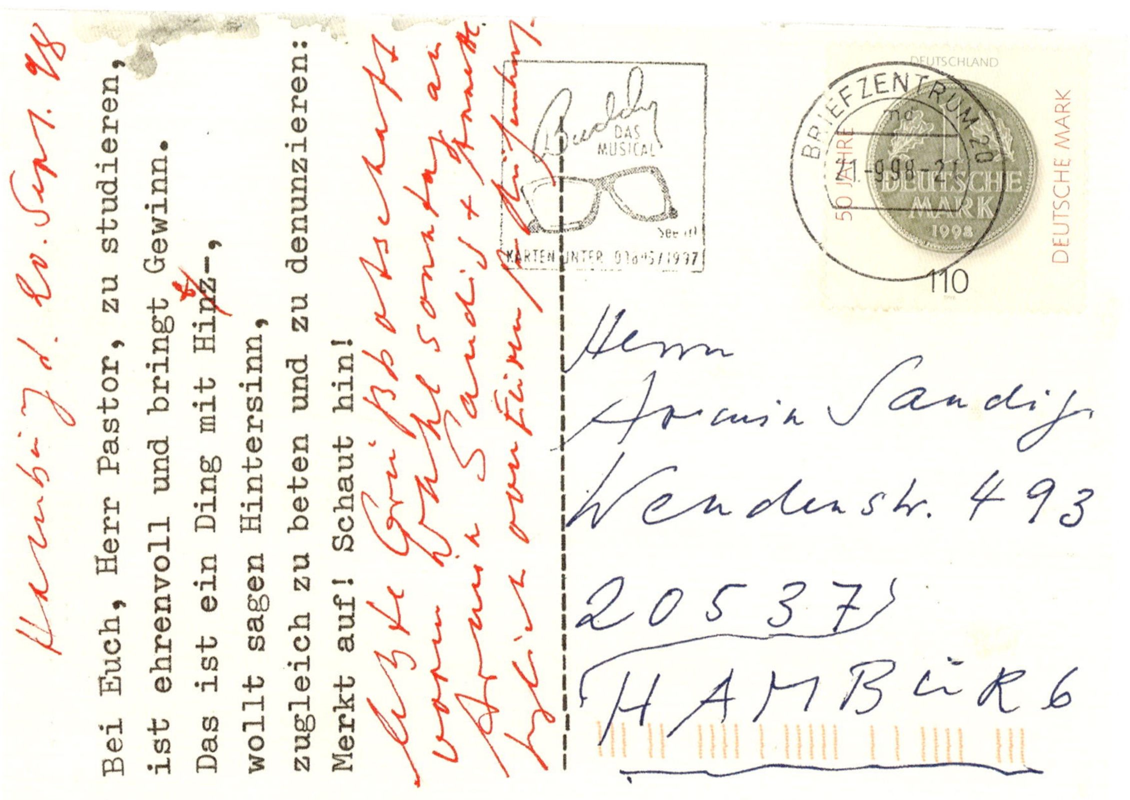
Bei Euch, Herr Pastor, zu studieren,
ist ehrenvoll und bringt Gewinn.
Das ist ein Ding mit Hinz-,
wollt sagen Hintersinn,
zugleich zu beten und zu denunzieren:
Merkt auf! Schaut hin!

Herrn
Armin Sandig
Wendenstr. 493
20537
HAMBURG

Wahlkampftaktik
ganz wie in Hamburg

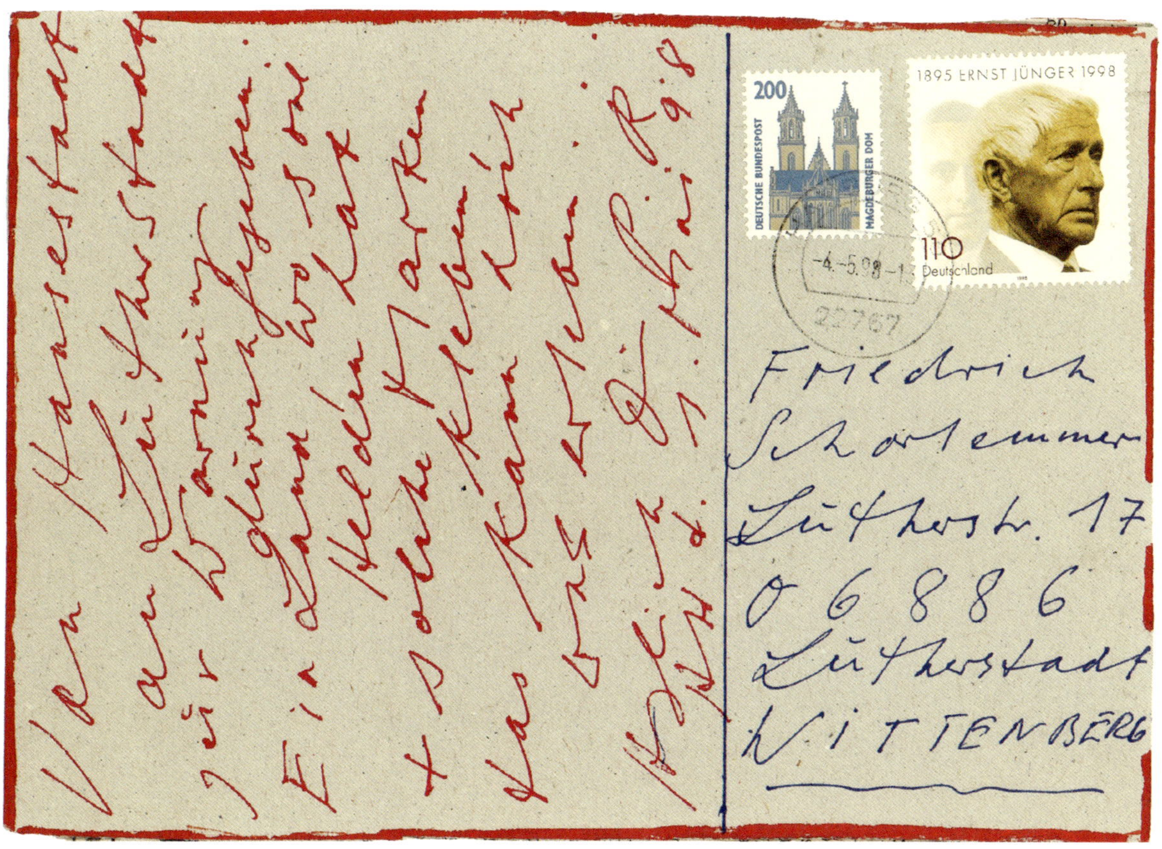
1895 ERNST JÜNGER 1998
110
Deutschland
200
DEUTSCHE BUNDESPOST
MAGDEBURGER DOM
Friedrich
Schorlemmer
Lutherstr. 17
06886
Lutherstadt
WITTENBERG

Die Bomben nieder!
Bertha von Suttner

… ALBANER SAGEN. „Die Albaner sind schlecht, ungebildet und faul. Es gibt keinen

Dejan Dimic, 19: „Ich glaube, daß viele Albaner für den Frieden sind. Es sind Menschen wie du und ich. Leider träumen einige von damals die … Serbien. 500 000 … atien verlassen, … nun die Alba- … dem Balkan“

Biljana Savic, 22: „Die Albaner sind schlecht, ungebildet und faul. Es gibt keinen Grund, sie zu lieben. Sie machen uns seit 1913 nur Probleme. Die USA und die Nato-Länder haben denen etwas versprochen, was eigentlich uns gehört. Wir sind alle Opfer der neuen Weltordnung“

Branislav Bogojevic, 15: „Ich habe wirklich keine schlechte Meinung über die Albaner. Im Grunde sind das ganz normale Menschen, so wie wir auch. Daß sie jetzt einen eigenen Staat haben möchten, daran sind – glaube ich – beide Seiten schuld. Wir sollten zusehen, daß das Bomben bald aufhört“

Martijana Vasiljevic, 23: „Wir sind überwiegend einfache Menschen. Die Terroristen sollen nach Albanien gehen. Die haben den Krieg angezettelt. Danach mußten viele Albaner nach Albanien und Mazedonien gehen. Und Jugoslawien wird bombardiert.. Das kann kein gutes Ende nehmen!“

Nemanja Mihajlovic, 22: „Ich kann die Albaner nicht hassen. Ich unterscheide nur gute und schlechte Menschen. Die junge Generation ist überall gleich. Wir wollen Frieden. Junge Albaner und junge Serben können nichts für die Bombardierungen. Schuldig sind die Politiker und die ältere Generation“

Aleksandar Mitrovic, 25: „Als Menschen sind sie ok. Ich weiß das, weil ich lange im Kosovo gelebt habe. Als Volk halten sie fest zusammen, und ich glaube, deshalb kann man sie leicht manipulieren. Ich möchte normal weiterleben. Hoffentlich denken die jungen Albaner auch so“

FOTOS: TOMA MIHAJLOVIC (14)

Das Land der Serben liegt in Scherben

Zerborsten. TV-Sendemast mit Satelliten-Schüsseln in Belgrad

Ausgebrannt. Das TV-Hauptquartier in Belgrad

Getroffen. Ein neues Belgrader Heizkraftwerk

Zertrümmert. Ein Mietshaus in Belgrad

Wie erfolgreich sind die Bomben auf Serbien? Wurde der Kampfhubschrauber „Apache“ abgeschossen? – Geheimbericht der NATO

Belgrad psi – Mit den bislang schwersten Angriffen hat die Nato in der Nacht zum Sonnabend Ziele in Jugoslawien bombardiert. Bei 648 Einsätzen seien in der Nacht zum Sonnabend 245 direkte Angriffe erfolgt, teilte die Nato in Brüssel mit.

Bombardiert wurden vor allem Elektrizitätswerke, Munitionslager, Brücken und Kasernen. Die Flugzeuge zerstörten ein Dutzend Panzer, 18 Militärfahrzeuge und neun Artilleriestellungen. Nach dem Abwurf von Graphitbomben fiel am Sonnabend morgen in Belgrad und in mindestens 15 weiteren Städten der Strom aus, meldeten serbische Medien. Sie berichteten weiter, vier Raketen hätten das Elektrizitätswerk Kolubara etwa 30 Kilometer südwestlich von Belgrad getroffen.

Erneut beschossen wurde das Gefängnis der Stadt Istok im Kosovo. Serbischen Behörden gaben an, daß in dem Gebäude überwiegend UCK-Sympathisanten inhaftiert seien.

Am Sonnabend wurde bekannt: Nato-Kampfflugzeuge haben am Donnerstag im Kosovo irrtümlich eine Kaserne angegriffen, die bereits vor einem Monat von der Kosovo-Untergrundarmee UCK erobert worden war. Das Ziel sei in der Annahme ausgesucht worden, in der Kaserne befänden sich immer noch Einheiten die jugoslawischen Bundesarmee, sagte Nato-Sprecher Jamie Shea. Die eroberte Kaserne ist ein wichtiger Punkt auf einer Nachschubroute der UCK von Nord-Albanien in den Kosovo. Nach unbestätigten Berichten sollen sieben Menschen ihr Leben verloren haben.

Trotz des neuerlichen Rekordes an Angriffsflügen fällt die Bilanz der Nato seit Beginn des Luftkrieges am 24. März ernüchternd aus. Auffällig ist, daß in den zwei Monaten zwar viele zivile Ziele bombardiert und auch getroffen wurden, aber weniger militärische.

In einem Geheimbericht aus dem Stab von Nato-General Wesley Clark wird festgestellt:

- Bisher gelang es nur, 300 Teile „militärisches Großgerät“ zu zerstören, darunter 60 Panzer.
- Auch die Bekämpfung feindlicher Gefechtsstände blieb weit hinter den Erwartungen zurück: Erst zehn seien zerstört worden.
- Kaum größer sind die Erfolge bei der Bekämpfung der jugoslawischen Luftstreitkräfte; abgesehen von den modernen MiG-29-Flugzeugen, von denen knapp die Hälfte ausgeschaltet worden sei, ist Jugoslawiens Luftwaffe weithin intakt.
- Zwar seien die jugoslawischen Flugabwehrkräfte für große und mittlere Höhen etwa zur Hälfte vernichtet, aber die Flugabwehr für niedrige Höhen sind nahezu unbeeinträchtigt. Milosevic verfüge noch über mindestens 1000 Systeme. Sie eignen sich besonders effizient zur Bekämpfung der amerikanischen Apache-Hubschrauber.

Einer streng geheimen Auswertung der Nato zufolge, soll der zweite, kürzlich abgestürzte Apache-Hubschrauber nicht durch technisches Versagen verlorengegangen sein. Er wurde wahrscheinlich von einem der intakten Luftabwehr-System der Serben abgeschossen. Das schließen die Nato-Militärs aus dem Umstand, daß der Hubschrauber in der Luft explodierte und einem „Feuerball“ geglichen habe.

AP, SIPA PRESS (3), SYGMA

Zerbombt. Umspann-Werk Veliki

Beschädigt. Autos in Belgrad

Zerstört. Das Gebäude des jugoslawischen Generalstabs in der Belgrader Innenstadt

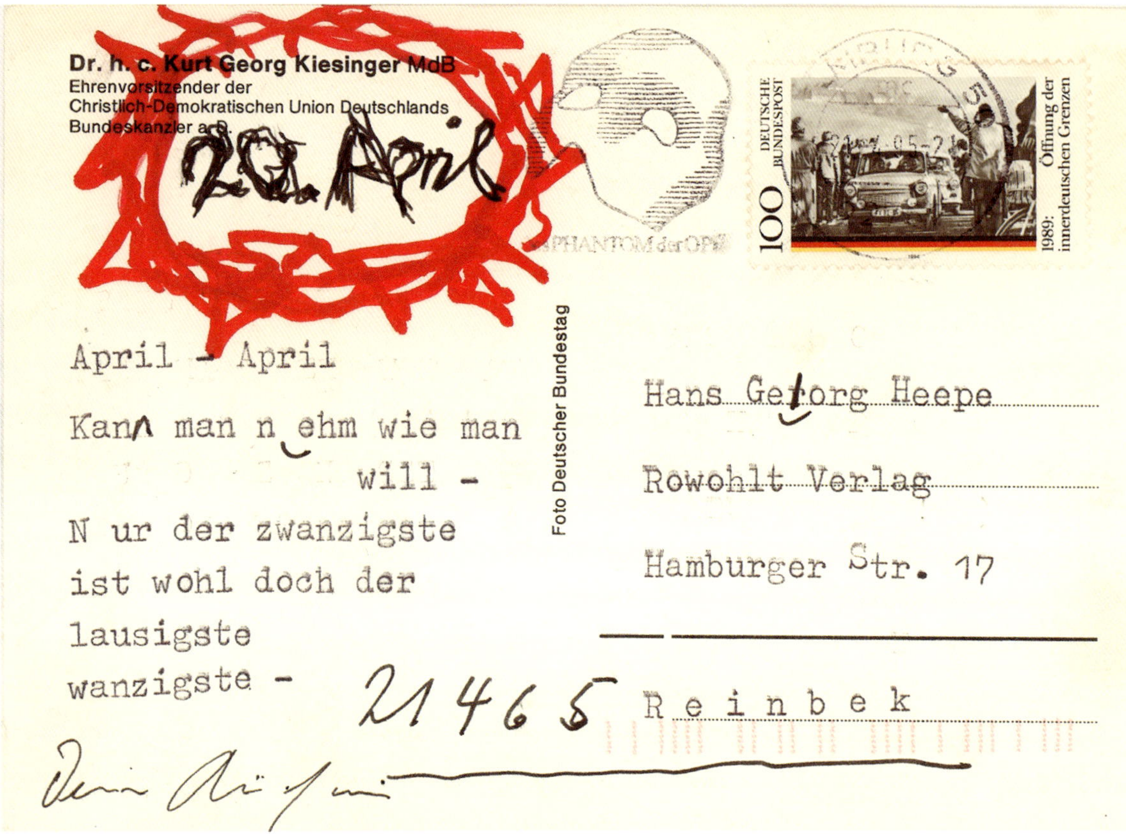

Letzter Aufruf zur Wahl 98: Dennoch sein Kreuzlein malen.
Heroischer Diminutiv für Jürgen und Maria.

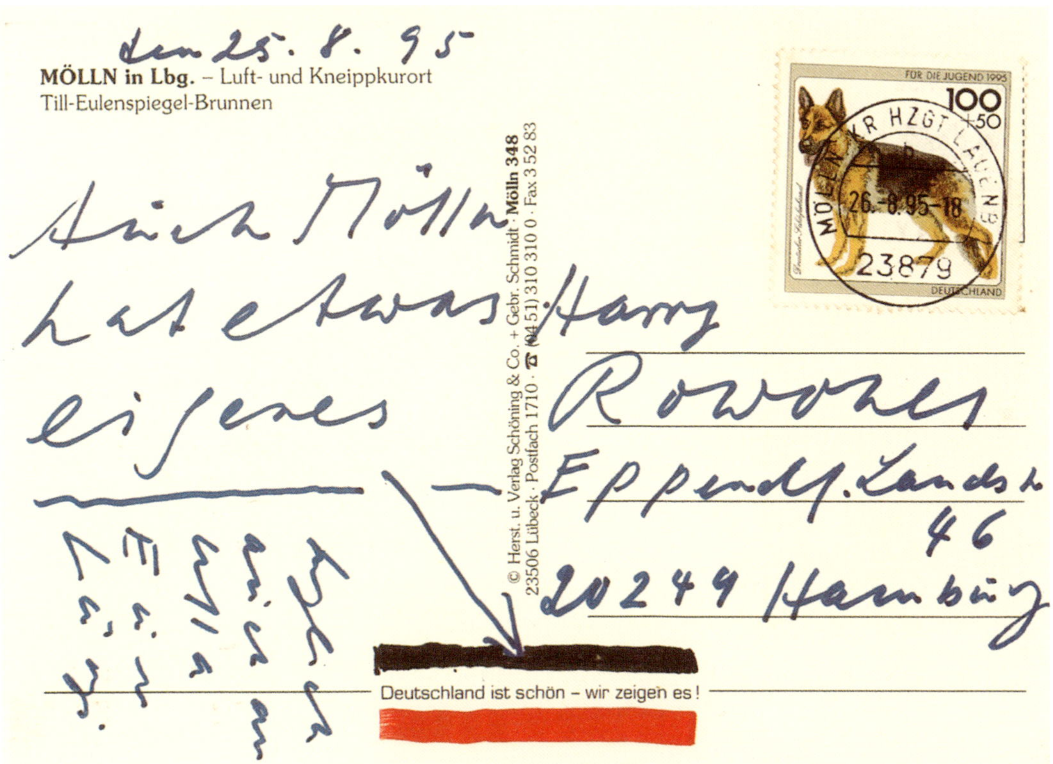
den 25. 8. 95

MÖLLN in Lbg. – Luft- und Kneippkurort
Till-Eulenspiegel-Brunnen

© Herst. u. Verlag Schöning & Co. + Gebr. Schmidt · **Mölln 348**
23506 Lübeck · Postfach 1710 · ☎ (0451) 310 310 0 · Fax 3 52 83

FÜR DIE JUGEND 1995
100 +50
DEUTSCHLAND

MÖLLN KR HZGT LAUENB
26.-8.95-18
23879

Auch Mölln
hat etwas
eigenes

Harry
Rowohlt
Eppendf. Landstr.
46
20249 Hamburg

Deutschland ist schön – wir zeigen es!

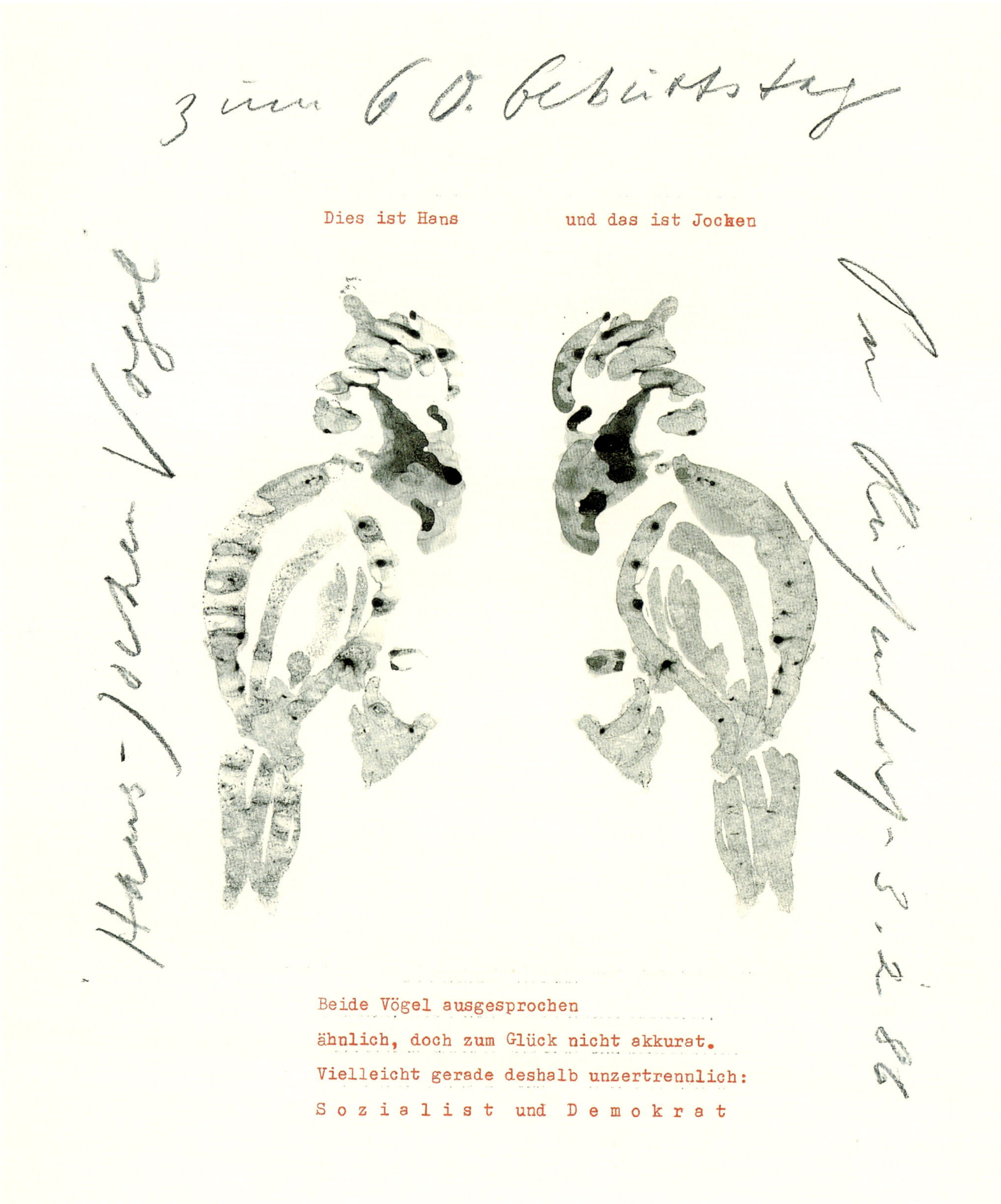
zum 60. Geburtstag
Dies ist Hans
und das ist Jochen
Hans-Jochen Vogel
Beide Vögel ausgesprochen
ähnlich, doch zum Glück nicht akkurat.
Vielleicht gerade deshalb unzertrennlich:
S o z i a l i s t und D e m o k r a t

Hamburg
den 9. Nov
1986
Kleine Äquilibristik-
Nummer für
Björn Engholm
herzlich von seinem
Peter Rühmkorf

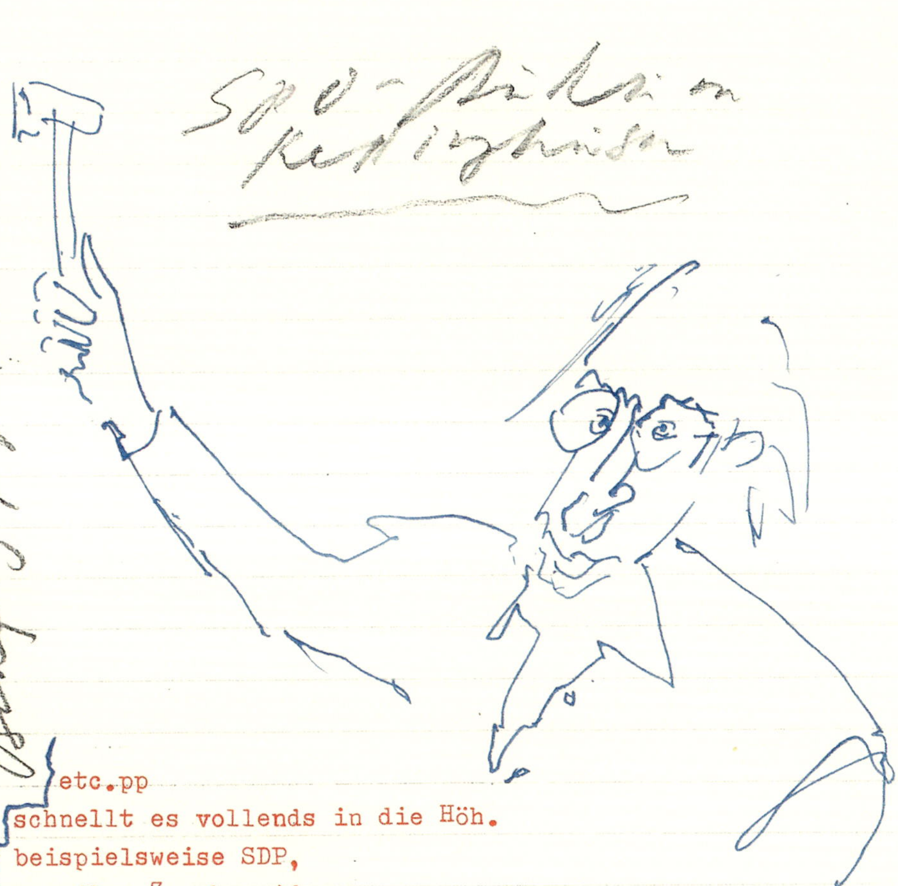

etc.pp
schnellt es vollends in die Höh.
beispielsweise SDP,
einem edlen Zwecke widmen,
Wenn wir gar noch Verse, Rhythmen,
steht noch höher auf der Leiter.
Dieses Buch, 2 Zeilen weiter,
juckt schon jeden Antiquar.
Dieses Buch, wie es mal war,

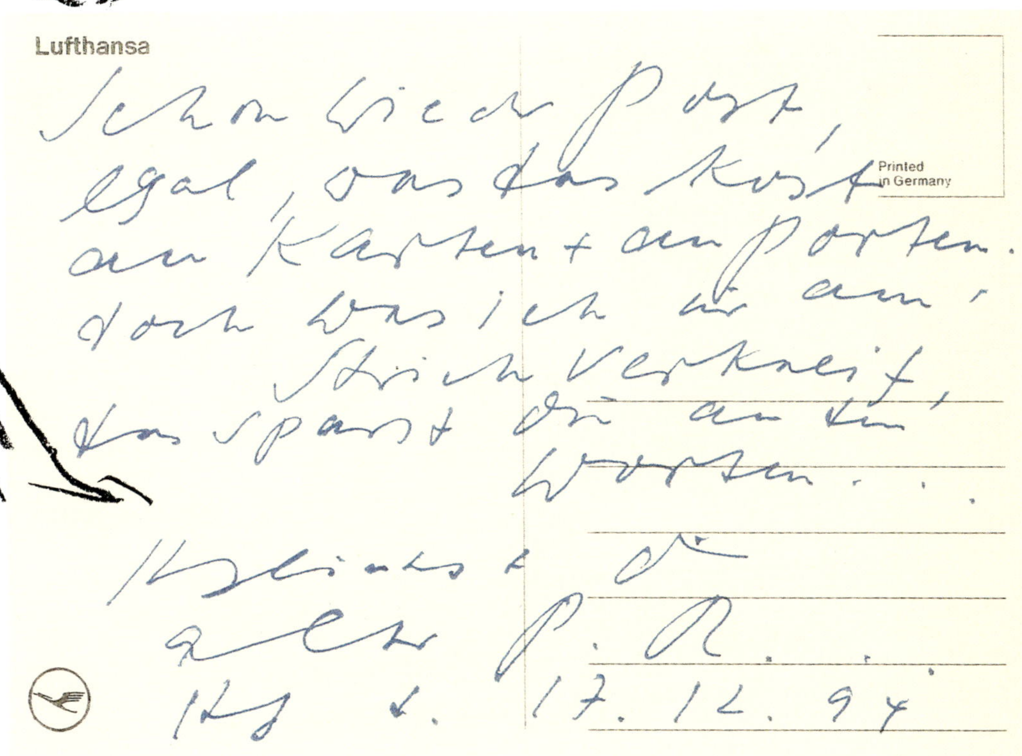

Schon wieder Post,
egal, was das kost'
an Karten + an Porten.
doch was ich mir am
Strich verkneif,
das spart' ich an den
Worten...
Herzlichst Dir
alter P. R. . .
Hbg d. 17. 12. 94

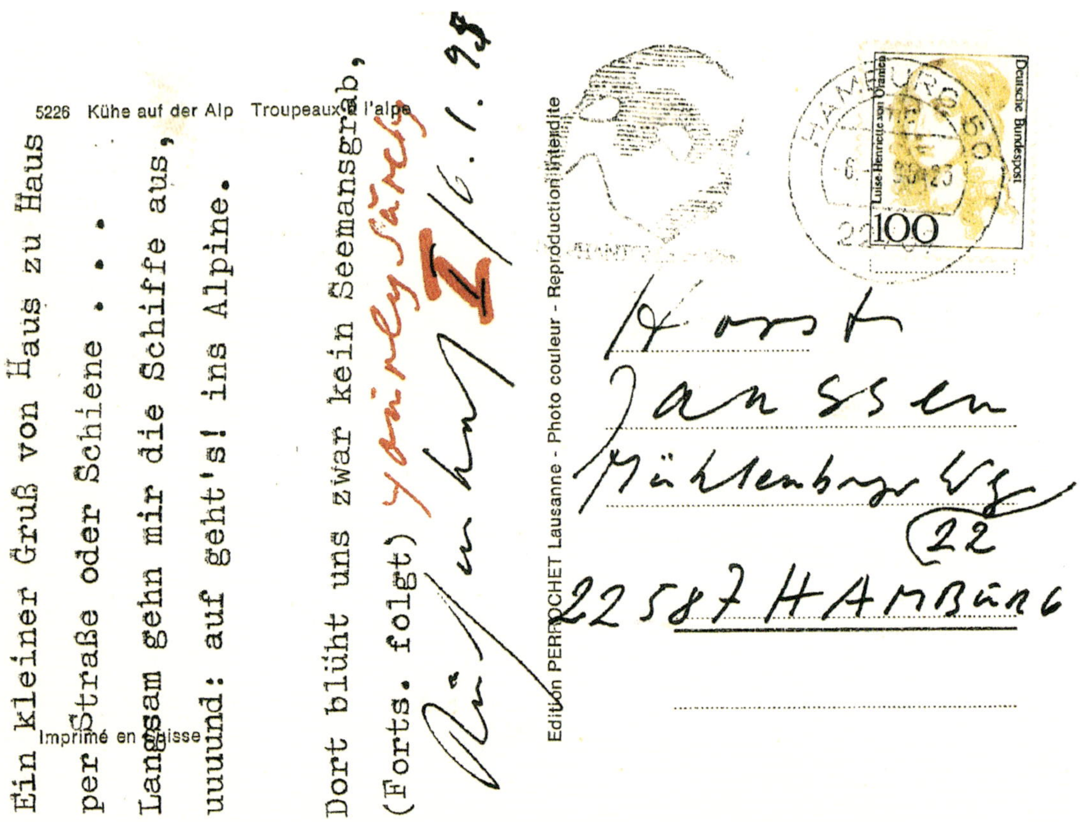

5226 Kühe auf der Alp Troupeaux à l'alpe

Ein kleiner Gruß von Haus zu Haus
per Straße oder Schiene . . .
Langsam gehn mir die Schiffe aus,
uuuund: auf geht's! ins Alpine.

Dort blüht uns zwar kein Seemansgrab,
(Forts. folgt)

6. 1. 98

Imprimé en Suisse

Edition PERROCHET Lausanne - Photo couleur - Reproduction interdite

Deutsche Bundespost
Luise-Henriette von Oranien
100

Horst
Janssen
Mühlenberger Weg
22
22587 HAMBURG

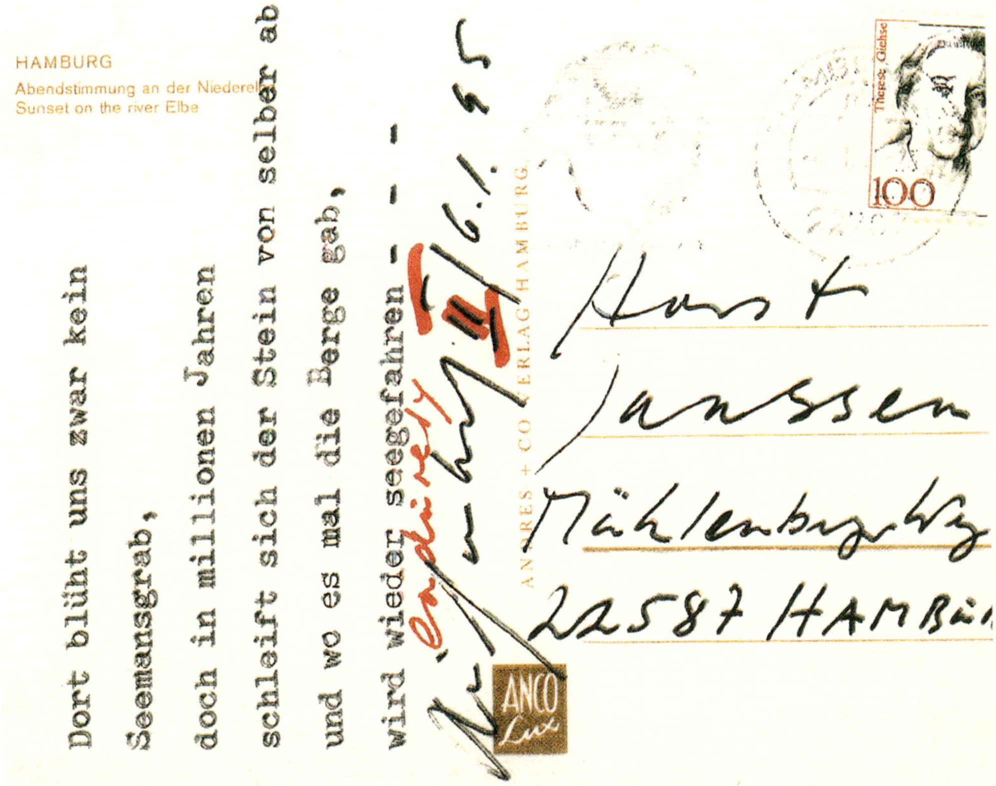
HAMBURG
Abendstimmung an der Niederelbe
Sunset on the river Elbe

Dort blüht uns zwar kein
Seemansgrab,
doch in millionen Jahren
schleift sich der Stein von selber ab
und wo es mal die Berge gab,
wird wieder seegefahren - - - -

Absender
(Straße und Hausnummer oder Postfach)
(Postleitzahl)
Ist dies nicht ein idealer
Anblick für Marinemaler?!
Auf, mein Freund und Kupferstich,
äußre Dich!
HAMBURG
11-1.95-21
22767
80
Postkarte
Horst
Janssen
Mühlenberger
(Straße und Hausnummer oder Postfach)
Weg 22
(Postleitzahl) (Bestimmungsort)
22587 HAMBURG

Gestern 7. - heute 8. -
Wieder grüßt der Kunstbetrachter,
9. - 10. - und so weiter
und man hofft von Nacht zu Nacht,
daß der Rotwein reifer macht
und das Scheitern uns gescheiter - - -

Schreib mal wieder
Post

Deutsche Bundespost
100

Horst
Janssen
Mühlenberger Weg
22
22587
HAMBURG

CASPAR DAVID FRIEDRICH
ArtAdmiraCard

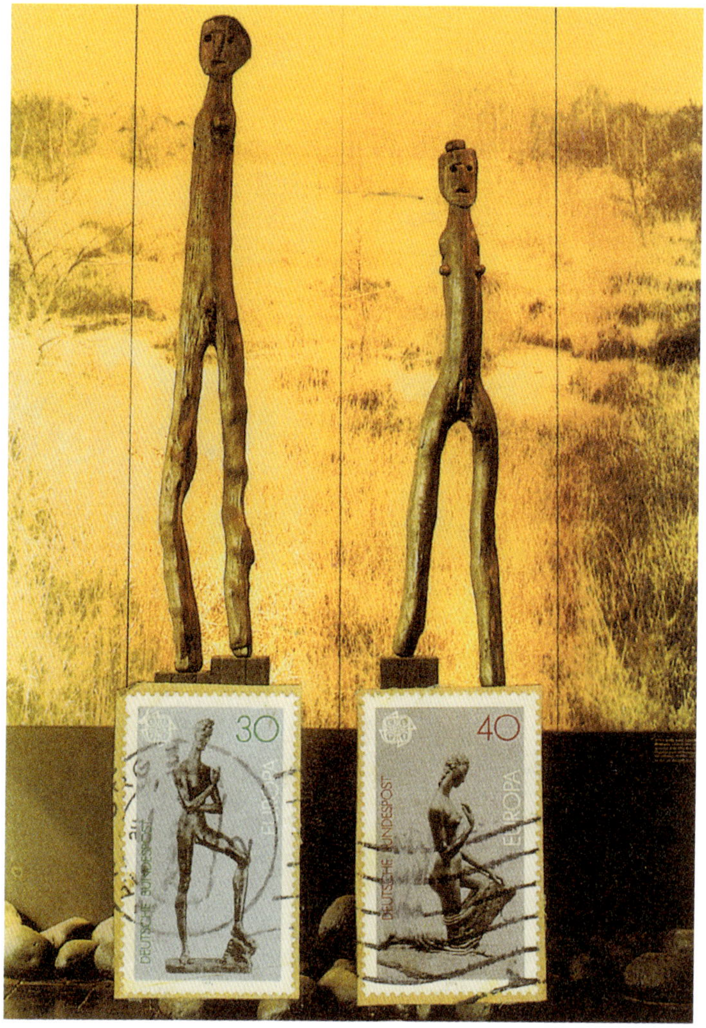

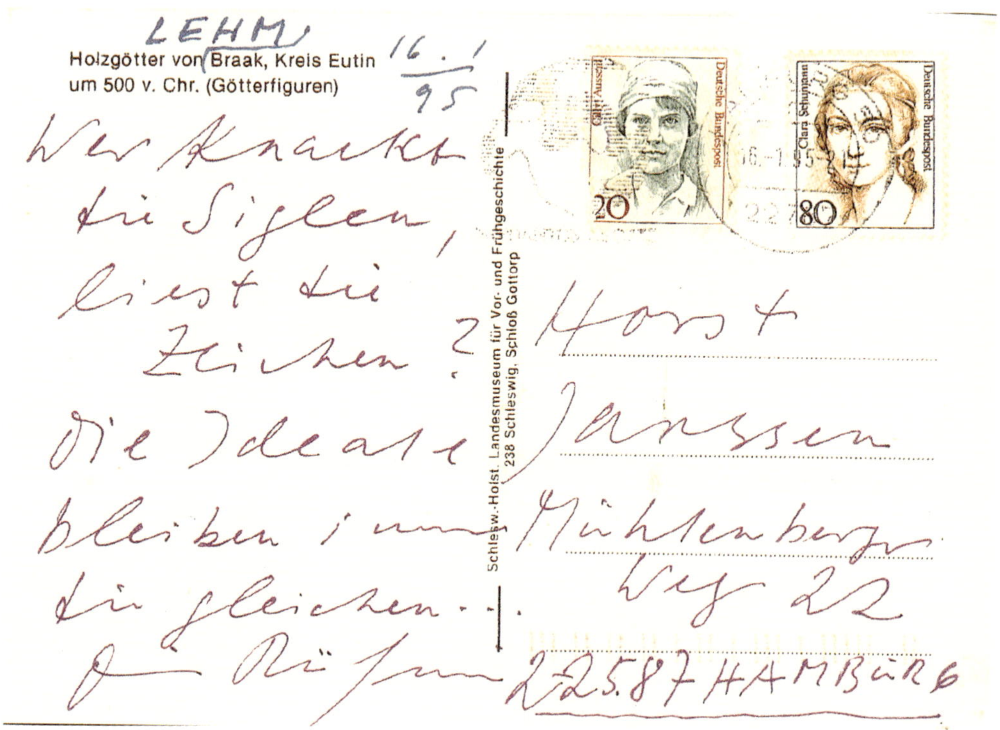

LEHM

Holzgötter von Braak, Kreis Eutin
um 500 v. Chr. (Götterfiguren)

16.1.95

Wer knackt
die Siglen,
liest die
Zeichen?
Die Ideale
bleiben immer
die gleichen..
Dein Rühm

Schlesw.-Holst. Landesmuseum für Vor- und Frühgeschichte
238 Schleswig, Schloß Gottorp

Horst
Janssen
Mühlenberger
Weg 22
22587 HAMBURG

BITTE NICHT
KITZELN
SISYPHOS
!

Walter Höllerer
meditiert über
Apfelsinen Schalen
d. 3. 7. 88
in Zürich
beobachtet

seltsam
vögel

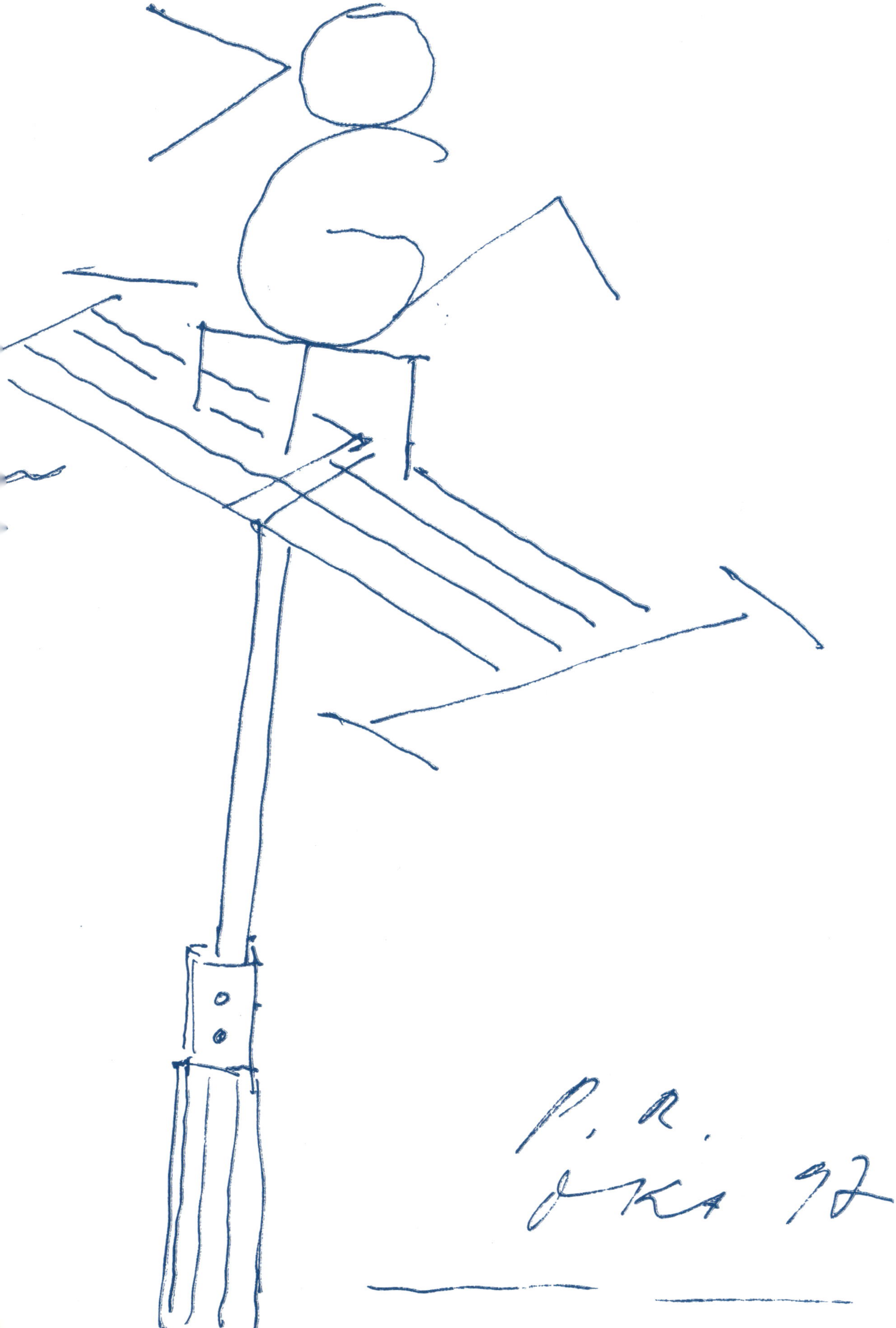

Theo Romm-

Theo Romm-

Theo Rommeskirchen , kommx ,

nur zum Spaß

mal en facex,

na, ich denke mir, das saß.

Neuer Stil,

versatil

nochmal schnell im Halbprofil,

und nun wollen wir mal hoffen,

daß getroffen trotz besoffen

und was wir da hingefetzt,

auch die Gisela ergetzt!

von Haus zu Haus
für Doris und Klaus
herzlich

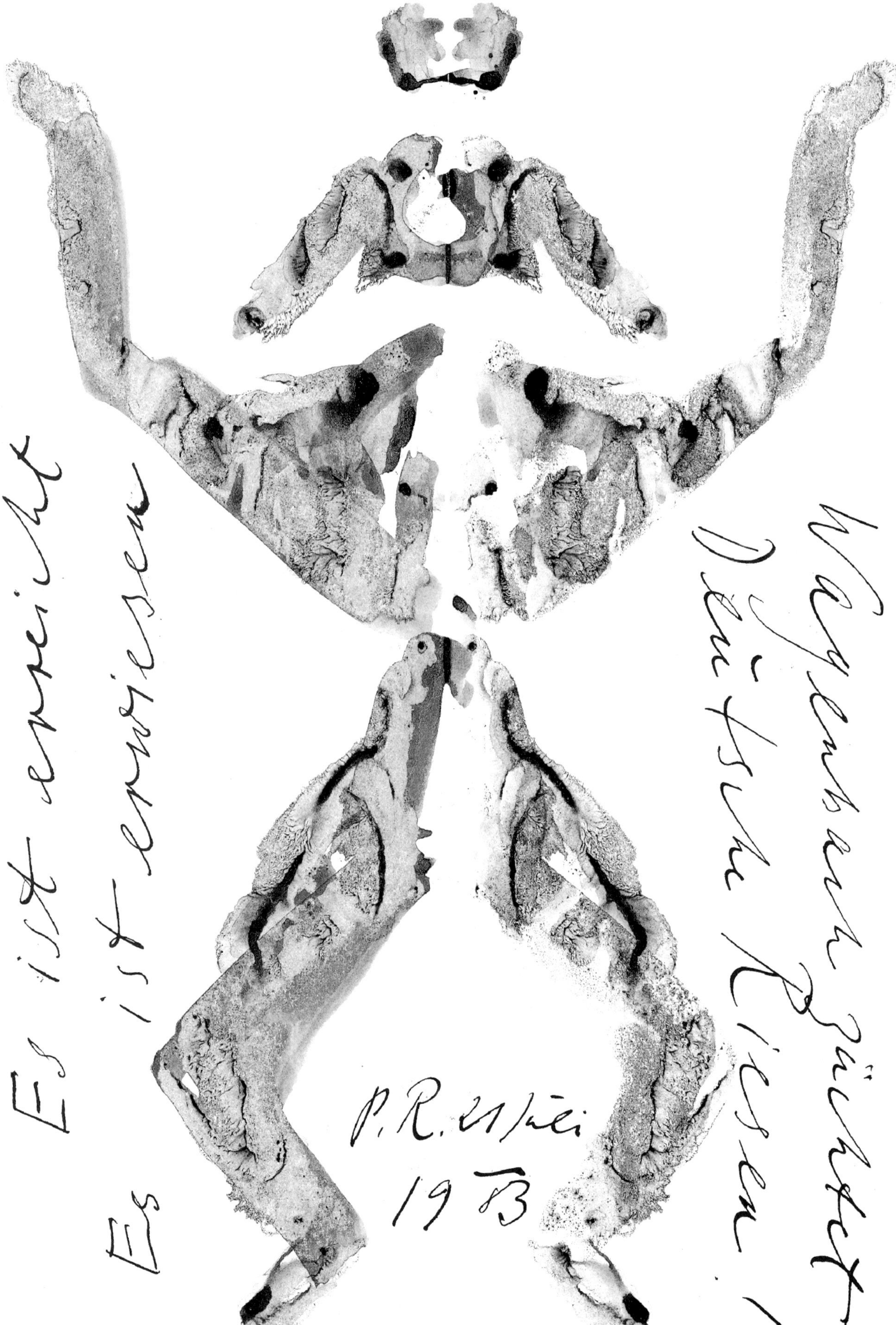
Es ist erreicht
Es ist erwiesen
Wagenbach züchtet
Deutsche Riesen!
1983

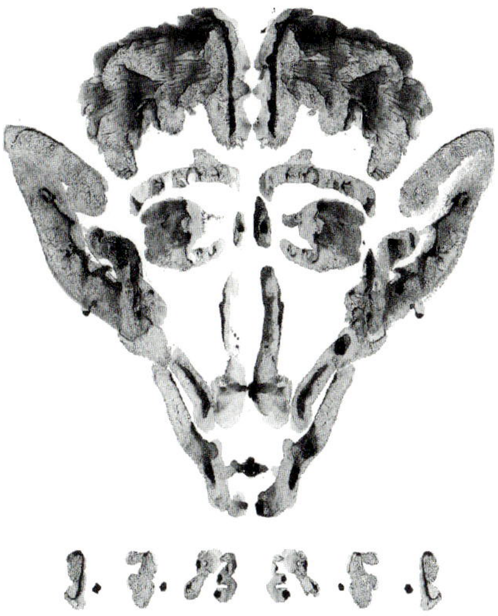
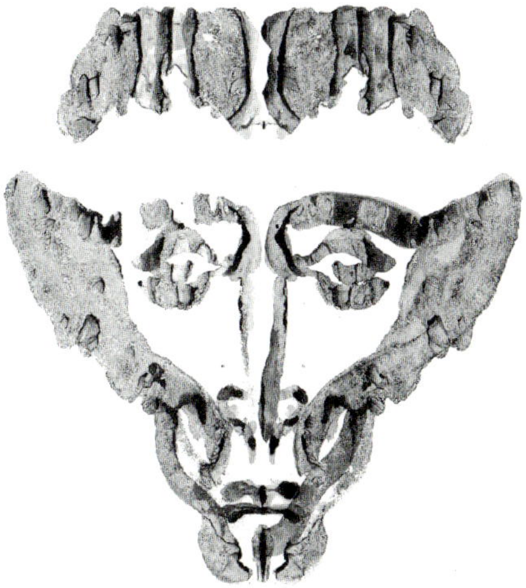
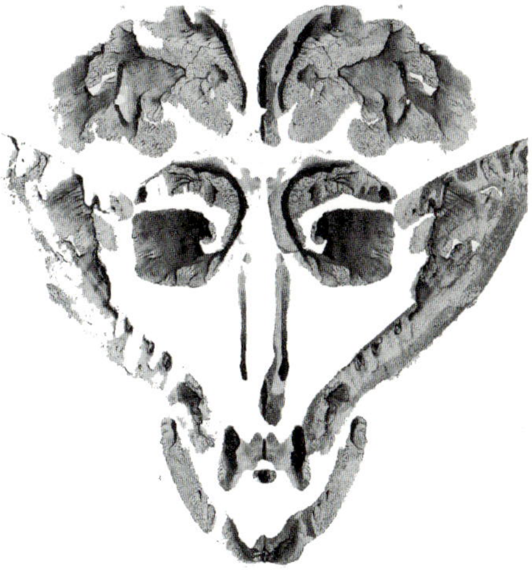

Hamburg, den 27.7.83 Peter Rühmkorf

Liebe Gerlind-Galina,

beiliegend ein kleiner gekleckster und gereimter Beitrag zu K.u. K. (Kafka u. Karnickel) Wagenbachs Kaninchenkunde. Hoffentlich läßt sich das partiell ein wenig matt geratene Klexo durch den Druck noch etwas vertiefen – zumindest in dieser grauen Schwebe halten.

Herzlich grüßt Dich Dein Peter Rühmkorf

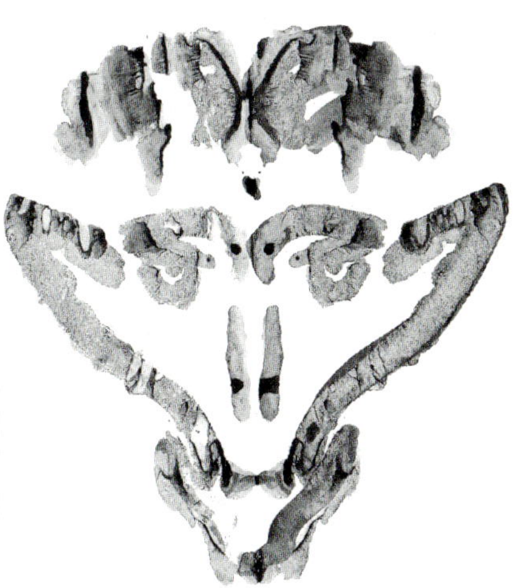
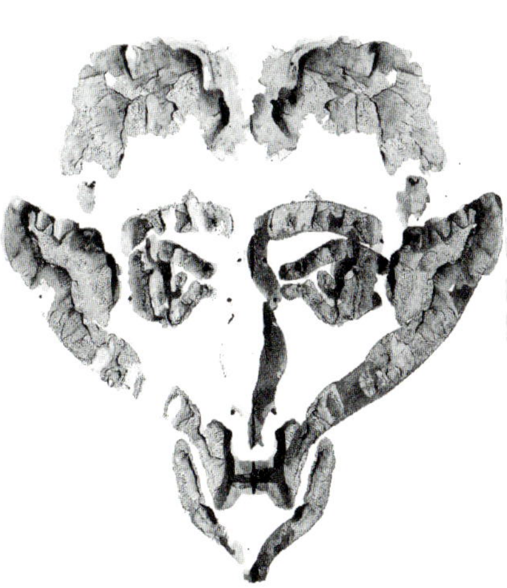
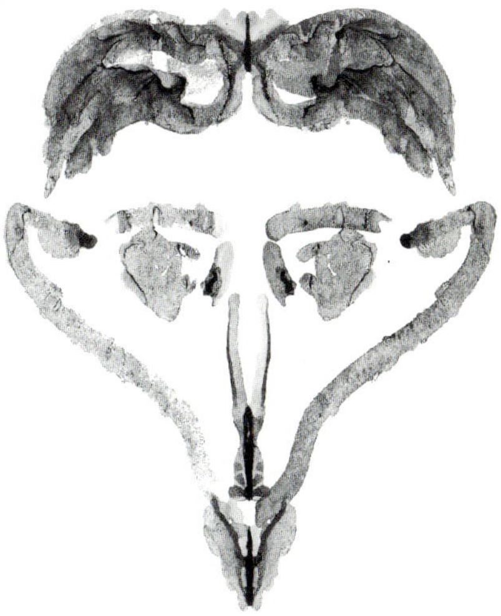

Den Seinen gibt's der Herr
im Schlaf –
wie spricht die Kunst
zu Wenigen?
Ein handgepreßter Autograph

kann manchen Fleck beschönigen.

hier Herr Wapnewski
blickt von seinem
[illegible].

Peter Rühmkorf

Kleine *Fleckenkunde*

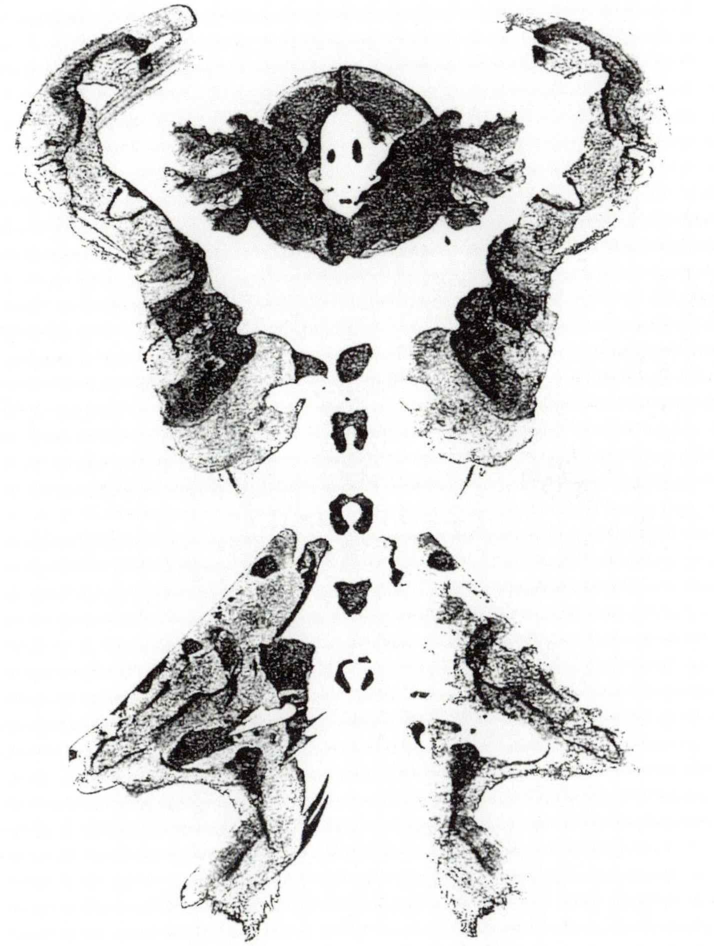

Der Klecks entrang sich Blaubarts Bart,
den Druck verdankt er Korfen –
So führen wir die Gegenwart
durch Preß & Druck zu Form & Art:
zum Licht aus dem Amorphen!

Grüße an Gisela Lindemann
herzlich von ihrem P.R.

Peter Rühmkorf

Kleine

Fleckenkunde

Es muß auch solche Bücher geben:
Sie vertreiben die Zeit und verdoppeln das Leben!

Herzlich für Uta
von ihrem Lyrikus
Hamburg d. 30. März 83

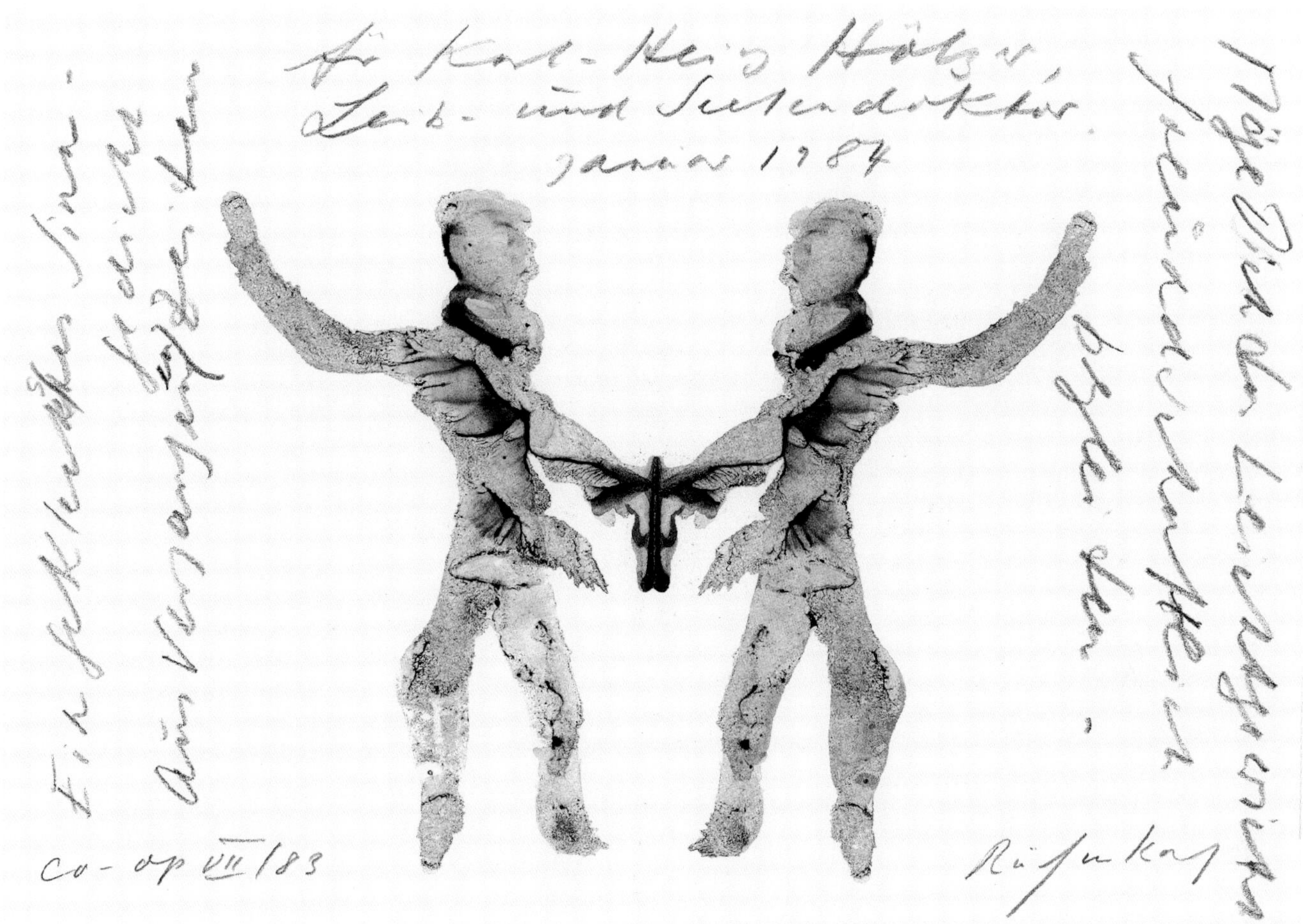
Für Karl-Heinz Hölzer, Leib- und Seelendoktor
Januar 1984
co-op VII/83
Rühmkorf

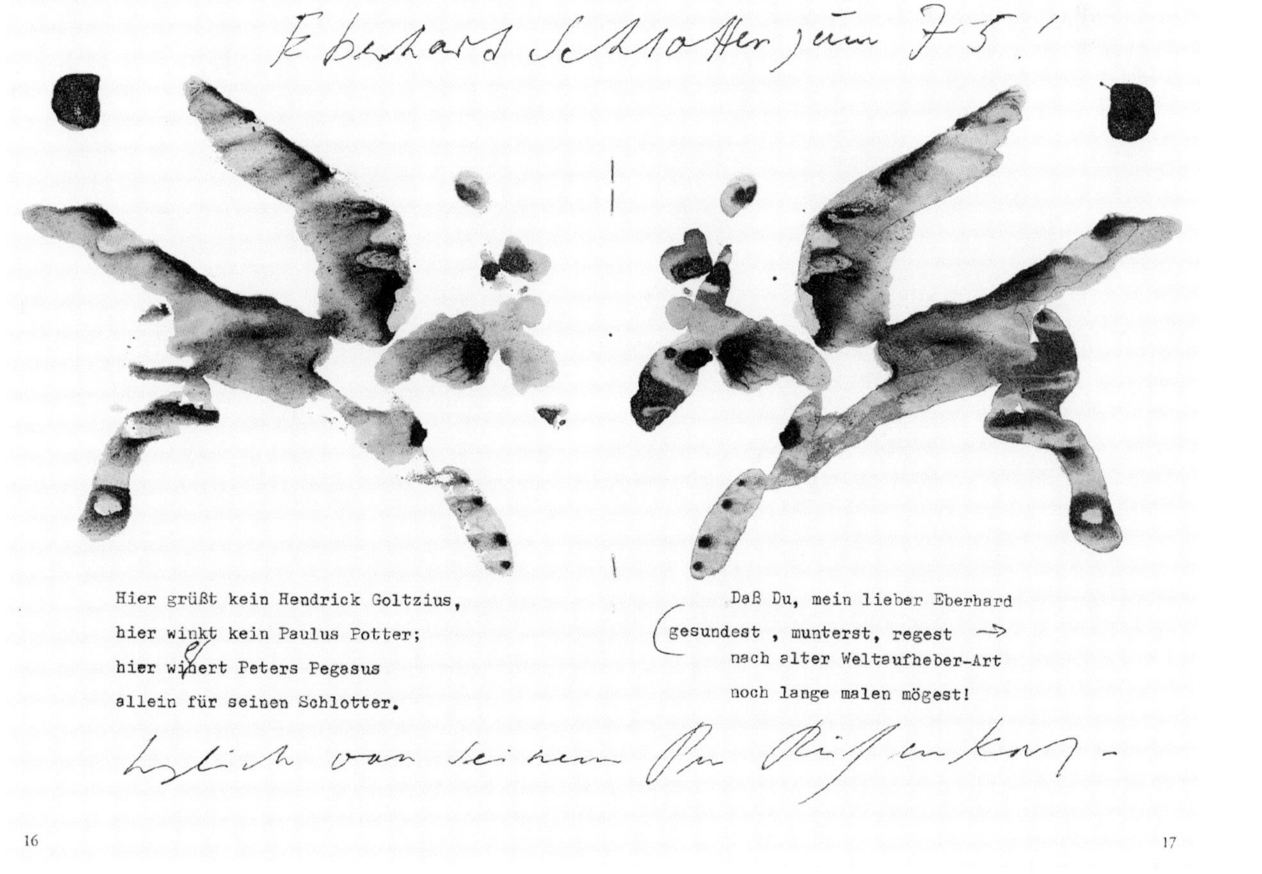
Eberhard Schlotter zum 75!
Hier grüßt kein Hendrick Goltzius,
hier winkt kein Paulus Potter;
hier wiehert Peters Pegasus
allein für seinen Schlotter.
Daß Du, mein lieber Eberhard
gesundest , munterst, regest
nach alter Weltaufheber-Art
noch lange malen mögest!
16
17

Magno cum clamore
kündet es das Werk:
anch' io sono pittore,
tu anche è un Merck!

[illegible]

Haffmans Verlag

[illegible]
Hbg. d. 9. Nov. 82

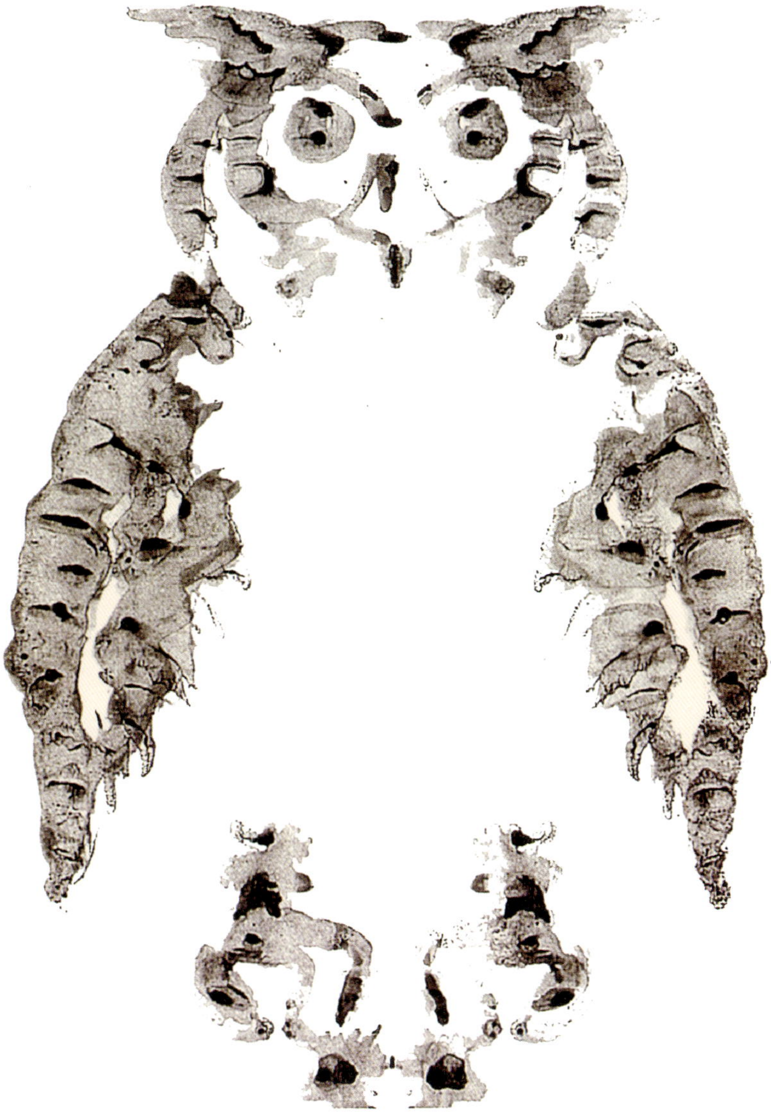

Wir lieben den UHU, den kosmischen Kauz
und verachten die Standard-Oile.
Als Totemtier des Doppellauts
zerfällt er in zwei Teile.
Zerfällt und ist doch klar und schön
zum Palindrom geschlossen:
Tragt ihn nach Hardebek-Athen
und grüßt mir die Genossen!

Peter Rühmkorf

agar agar–zaurzaurim

Zur Naturgeschichte des Reims und der menschlichen Anklangsnerven

Rowohlt

Als Albumblatt
für Theodor Verweyen
was Kunst gedoppelt hat
soll keine Wissenschaft
entzweien!

Peter Rühmkorf, Reinbek d. 7. 4. 87

Peter Rühmkorf

agar agar – zaurzaurim

Zur Naturgeschichte des Reims
und der menschlichen
Anklangsnerven

Rowohlt

```
Hier findest Du Reime auf Herz, Schmerz und Scherz,
auch Verrückte und Ungescheite...
Hamburg-Altona, den 1. März
oder ist noch der 30. Zweite
```

```
PS: Die Wahrheit liegt meist in der Mitte:
Zwar ist heut der Zweite, aber bereits der Dritte!!
```

Erst wenn
sieht
ES IST
GE
für

Peter Rühmkorf · Kleine Fleckenk
man das Blatt
entfaltet,
man froh:
STAL
TET!

In jedem Manne
steckt ein Hund,
der will spielen...

Luigi irrt durchs
Städtchen,
Kuckt durch das Loch:
Keine Frau und Mädchen,
nur der brave Muck.

$17^{15} - 17^{45}$
(kommt aber wieder!)

Micio 3.

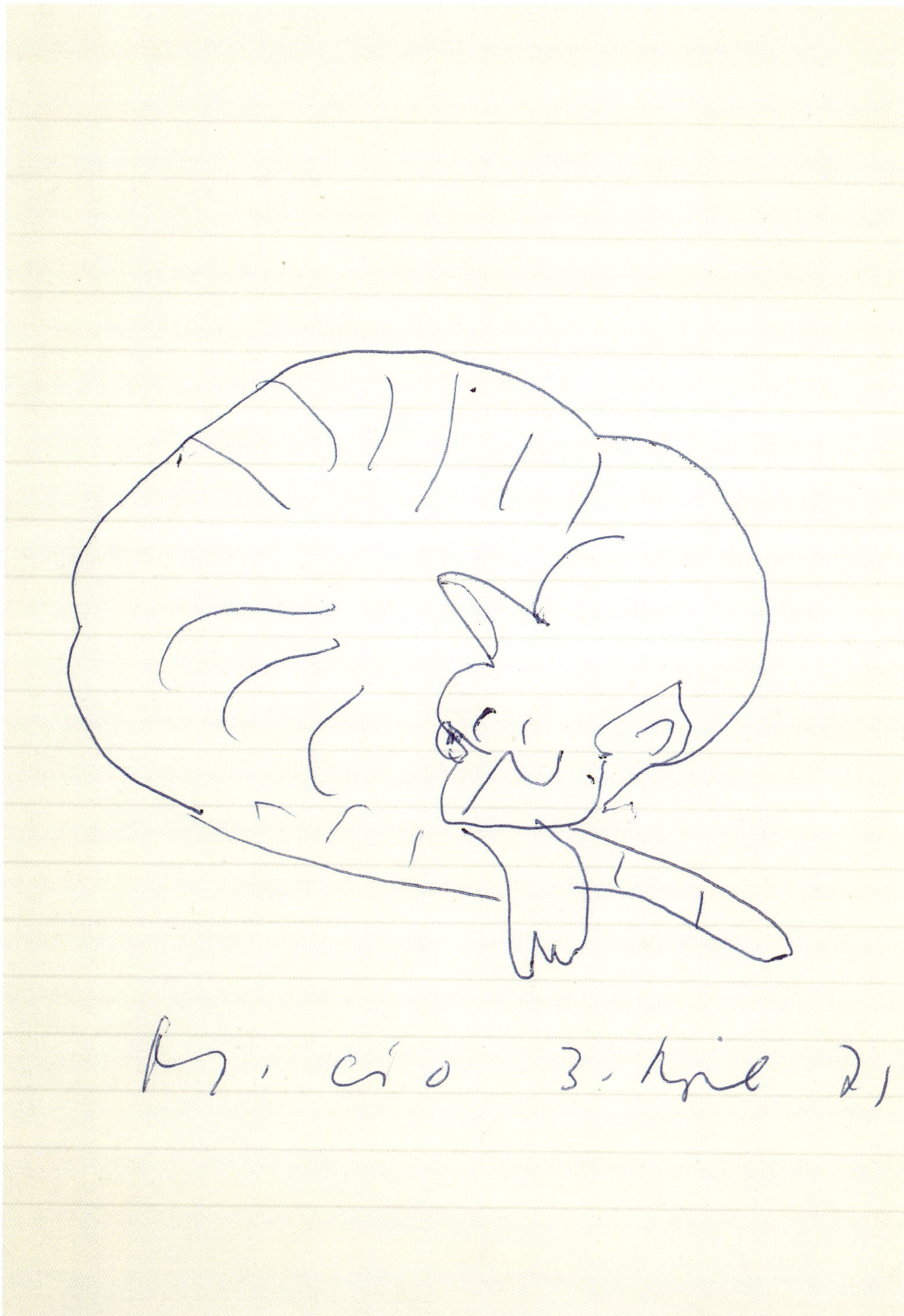
Micio 3. April 21

Dieser Kater, weltvergessen,
ward von Mäusen angefressen –
Ergo: daß man viel versäumt,
wenn man nur vom Mausen träumt

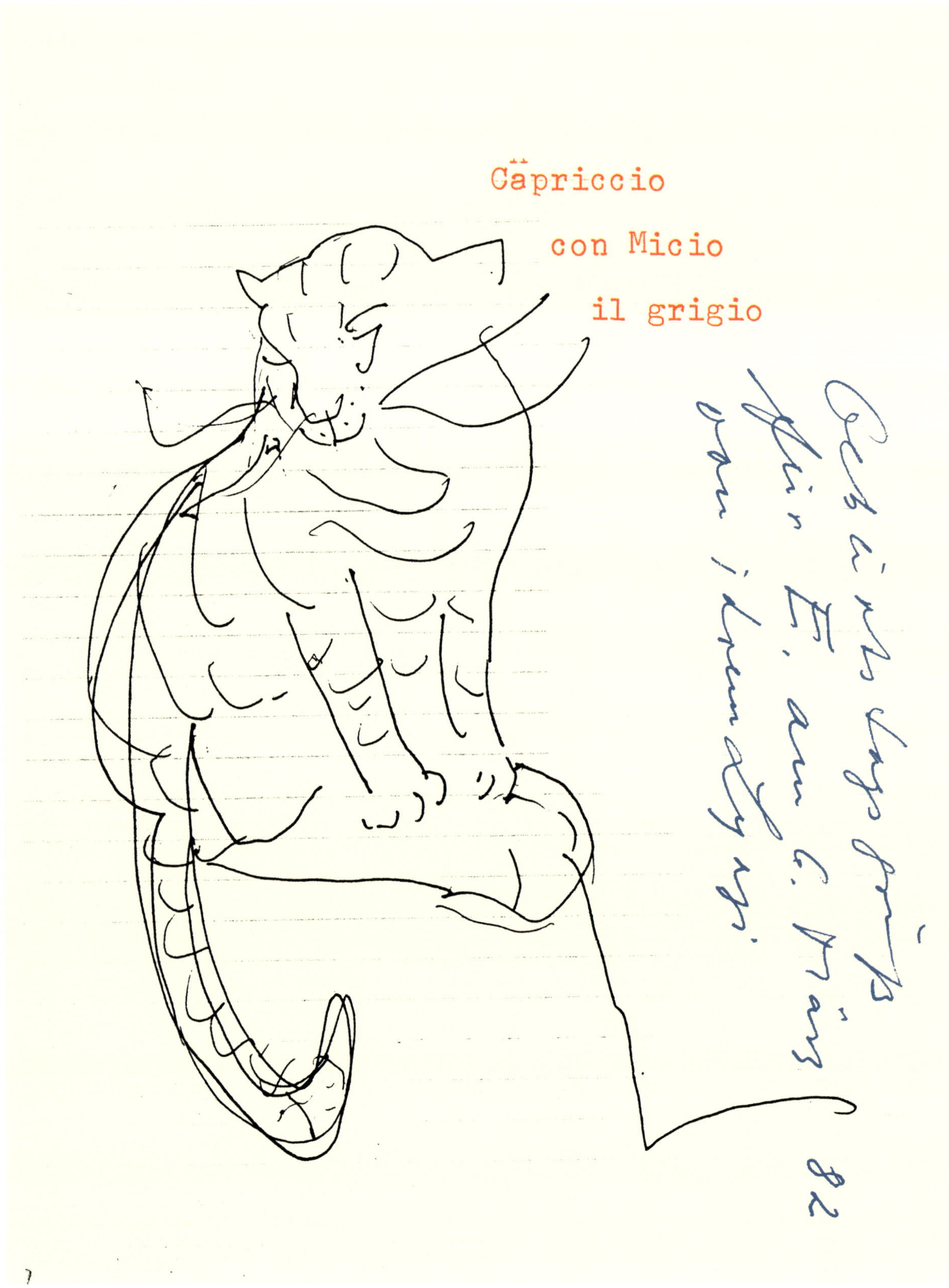
Capriccio
con Micio
il grigio

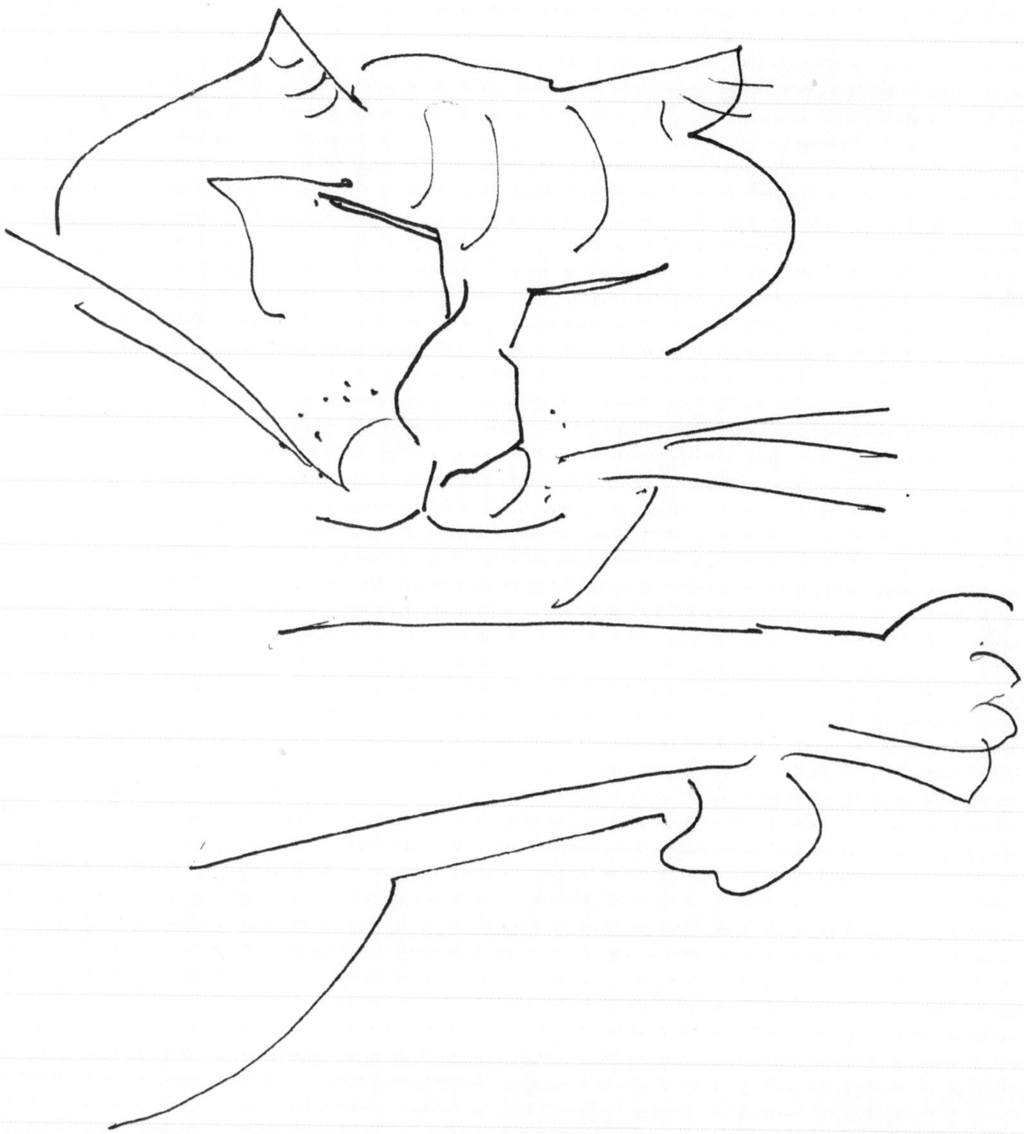

Rotkätzchen
und der
Wolf
To whom it does concern

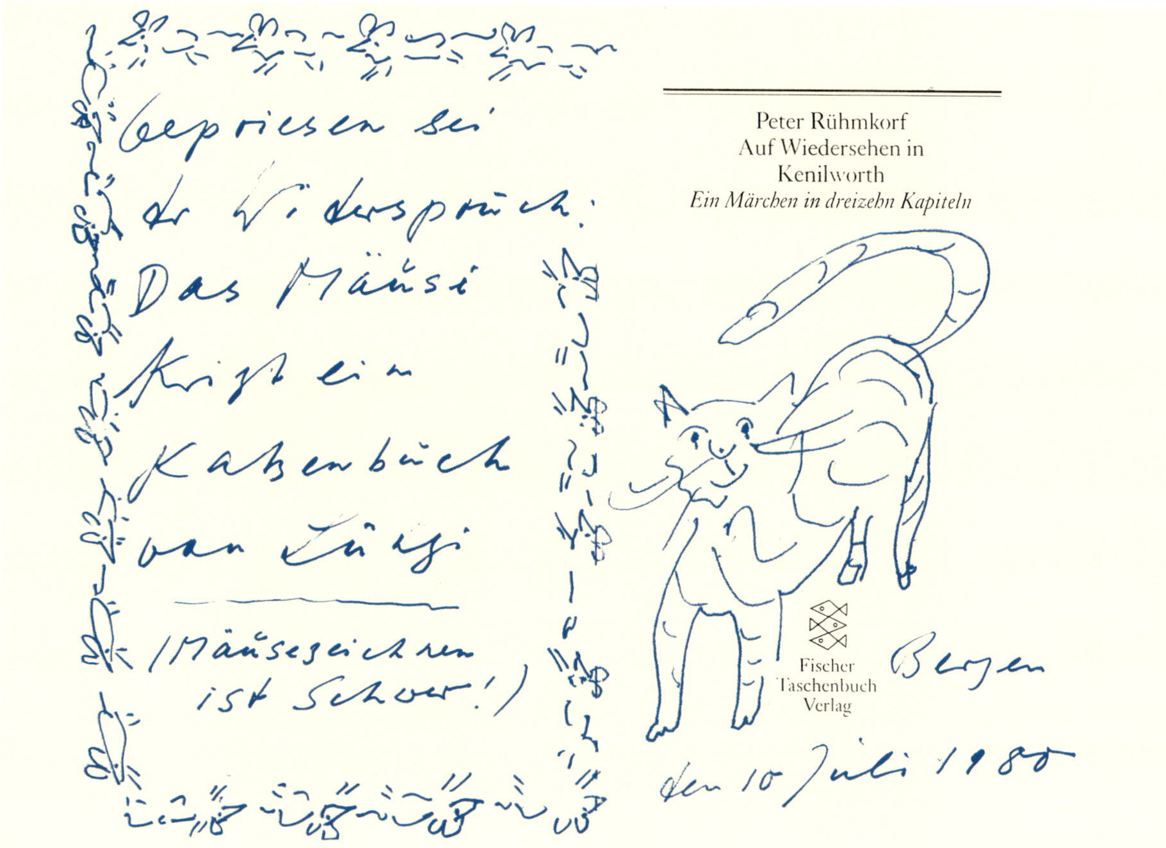
Gepriesen sei der Widerspruch: Das Mäusi kriegt ein Katzenbuch von Jürgi
(Mäusezeichnen ist schwer!)
Peter Rühmkorf
Auf Wiedersehen in Kenilworth
Ein Märchen in dreizehn Kapiteln
Fischer Taschenbuch Verlag
Bergen
den 10 Juli 1980

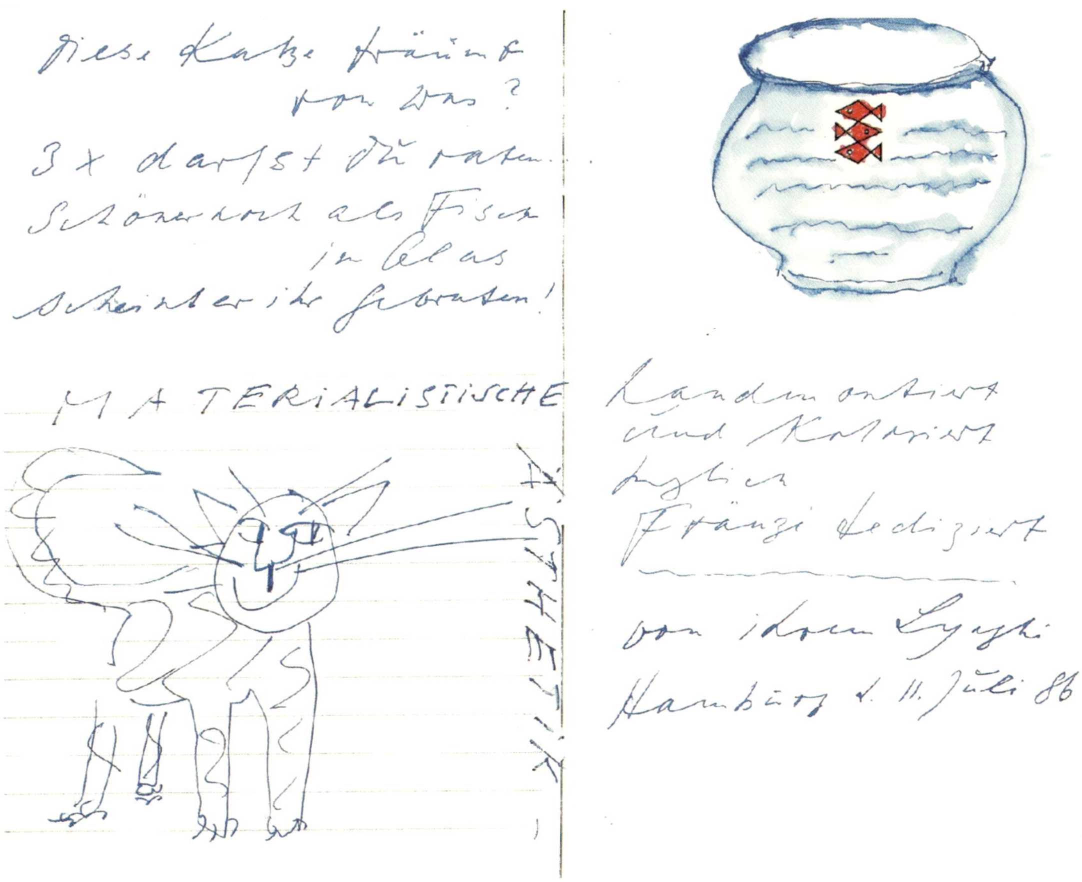
Diese Katze träumt von was? 3 x darfst Du raten. Schöner noch als Fisch im Glas scheint er ihr gebraten!
MATERIALISTISCHE ÄSTHETIK
Handmontiert und koloriert
Fränzi dediziert
von ihrem Jürgi
Hamburg d. 11. Juli 86

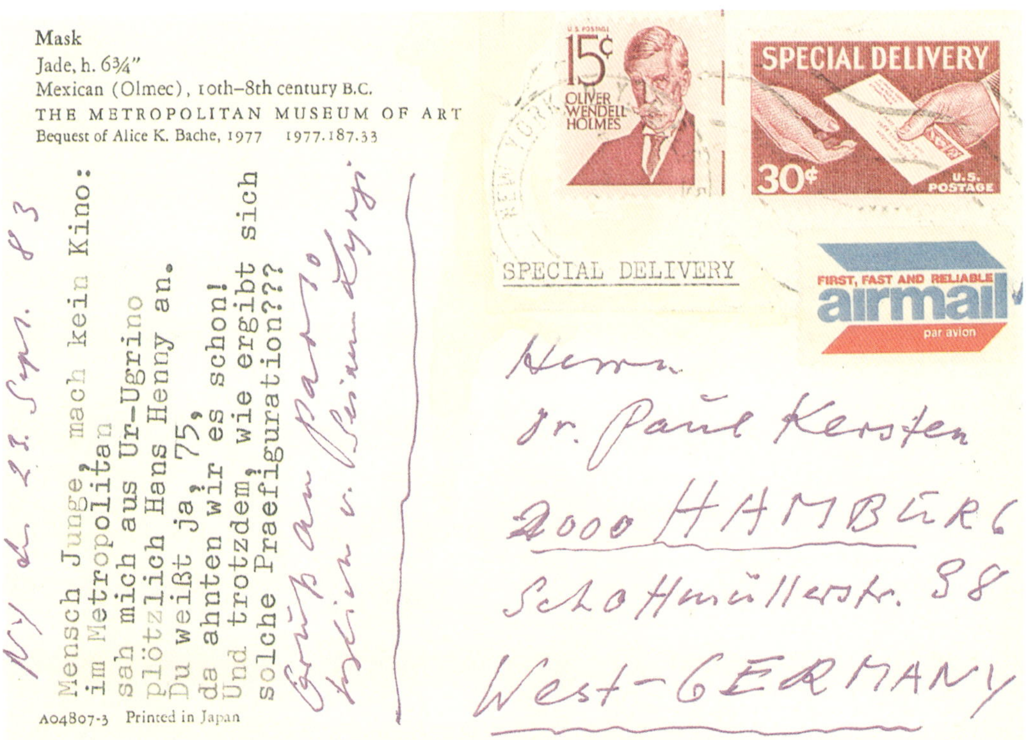

Mask

Jade, h. 6¾"

Mexican (Olmec), 10th–8th century B.C.

THE METROPOLITAN MUSEUM OF ART

Bequest of Alice K. Bache, 1977 1977.187.33

NY d. 23. Sept. 83

Mensch Junge, mach kein Kino:
im Metropolitan
sah mich aus Ur-Ugrino
plötzlich Hans Henny an.
Du weißt ja, 75,
da ahnten wir es schon!
Und trotzdem, wie ergibt sich
solche Praefiguration???

A04807-3 Printed in Japan

Herrn
Dr. Paul Kersten
2000 HAMBURG
Schottmüllerstr. 38
West-GERMANY

Hamburg: das Jenisch-Haus

Mein lieber Freund,
das Jenisch-Haus,
das sieht verdammt
nach wenig aus –
und wird dort arm + bloß
+ nackt
demnächst vom Christkind
eingepackt, grüßt Dich P. R.

14.12.2 4/5

© KARTEN vom KÜNSTLER Silienstr. 4 A ... Hamburg

N° 28

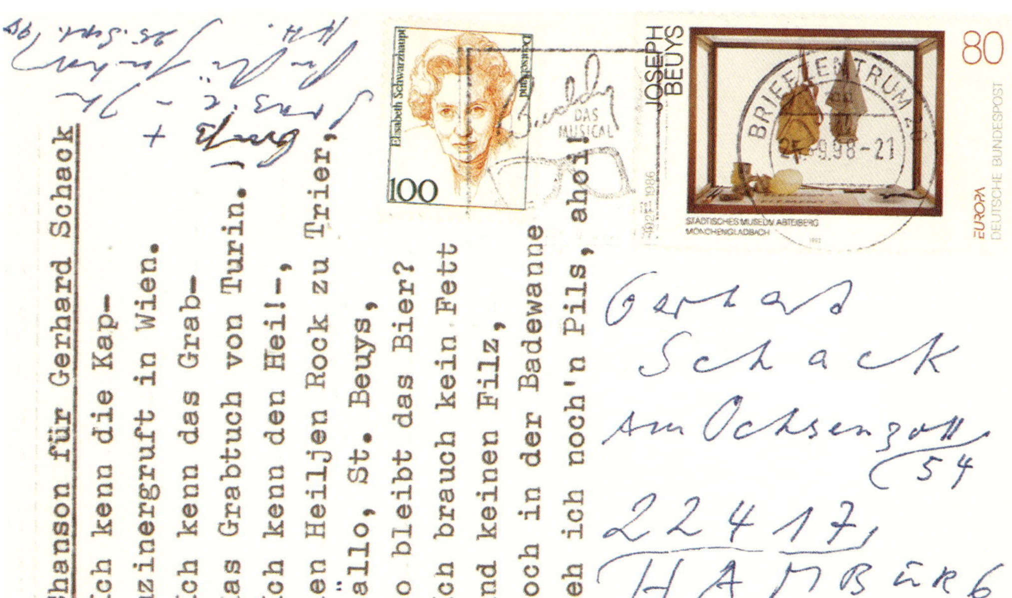

Joseph Beuys (1921-1976) »Badewanne für eine Heldin«, 1950/61 · Zwei Bronzegüsse 1984, Nr. 1/7, Bronze, Blei, Fertigteil Tauchsieder, Wasser, Ofen (1950): 31 x 7 x 7,5 cm, Wanne (1961): 28 x 13 x 9,5 cm
Leihgabe aus Privatbesitz in der Hamburger Kunsthalle
© VG Bild-Kunst, Bonn 1997 · Foto Elke Walford · Hower Verlag · Hamburg/Germany Best.-Nr. 97/282

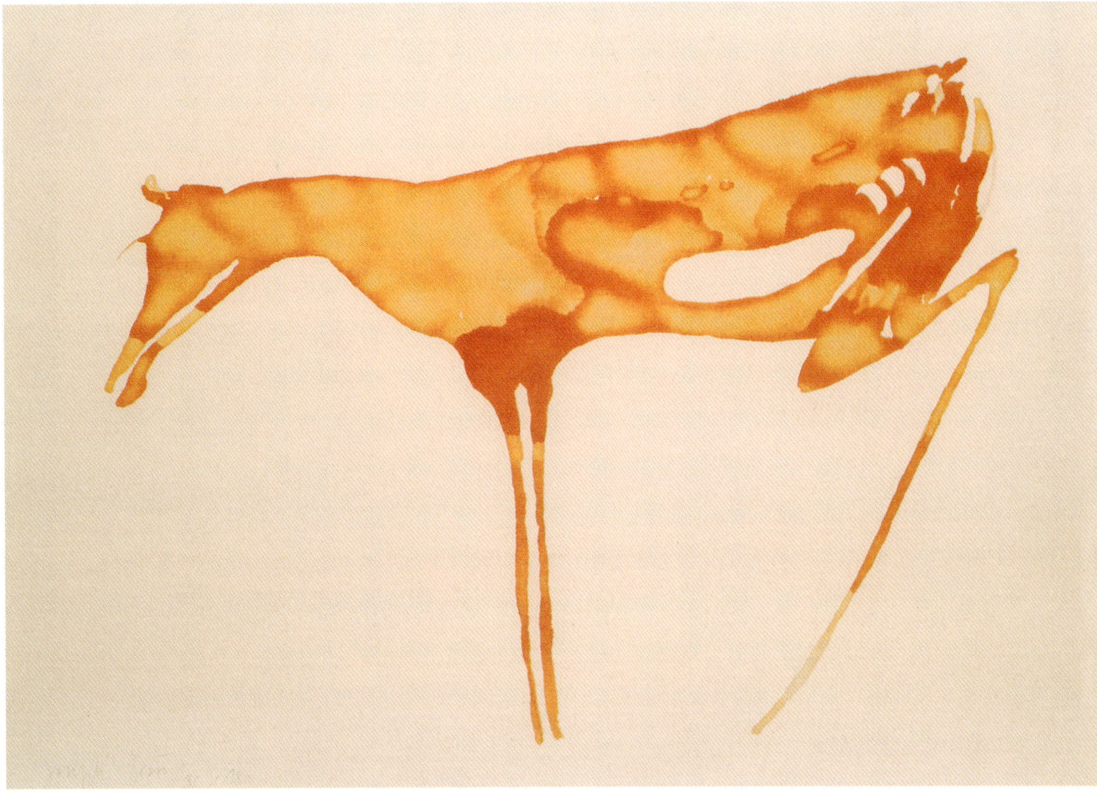

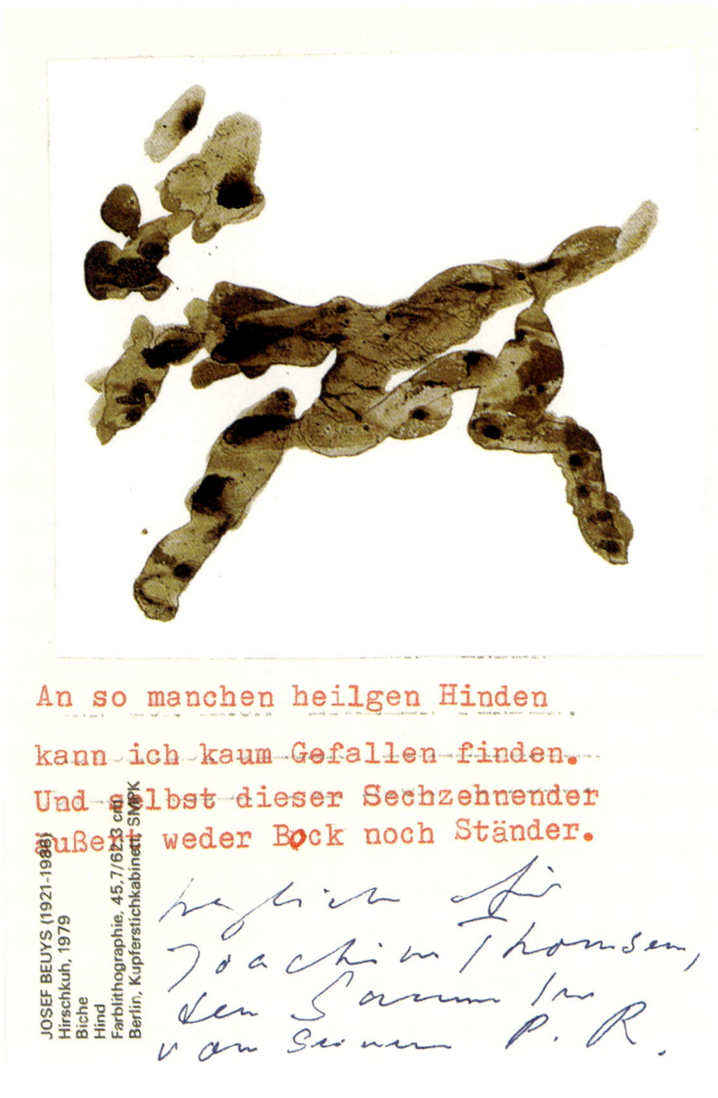
An so manchen heilgen Hinden
kann ich kaum Gefallen finden.
Und selbst dieser Sechzehnender
äußert weder Bock noch Ständer.
JOSEF BEUYS (1921-1986)
Hirschkuh, 1979
Biche
Hind
Farblithographie, 45,7/61,3 cm
Berlin, Kupferstichkabinett SMPK

Wir nehmen es heute als selbstverständlich hin, daß die Erde rund ist mit abgeflachten Polen (also «eiförmig») und daß die Bahnen der Planeten nicht kreisrund, sondern elliptisch («eiförmig») sind. Letztere Entdeckung machte Johannes Kepler erst 1609. Hildegards unorthodoxe Erklärung läßt es unwahrscheinlich erscheinen, daß sie bei der Abfassung des *Scivias* von zeitgenössischen Theorien beeinflußt wurde.

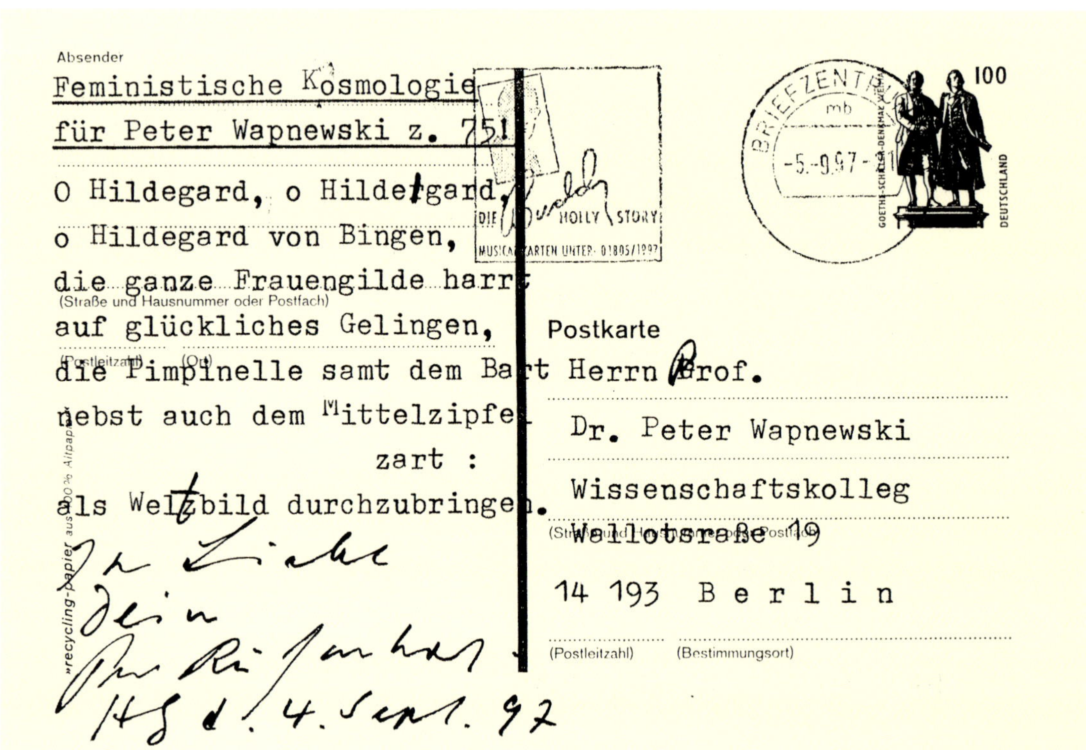

Absender

Feministische Kosmologie
für Peter Wapnewski z. 75!

O Hildegard, o Hildegard,
o Hildegard von Bingen,
die ganze Frauengilde harrt
auf glückliches Gelingen,
die Pimpinelle samt dem Bart
nebst auch dem Mittelzipfel
zart :
als Weltbild durchzubringen.

In Liebe
Dein
Peter Rühmkorf
HH d. 4. Sept. 97

(Straße und Hausnummer oder Postfach)
(Postleitzahl) (Ort)

»recycling-papier aus 100% Altpapier

Postkarte

Herrn Prof.
Dr. Peter Wapnewski
Wissenschaftskolleg
Wallotstraße 19
14 193 Berlin

(Straße und Hausnummer oder Postfach)
(Postleitzahl) (Bestimmungsort)

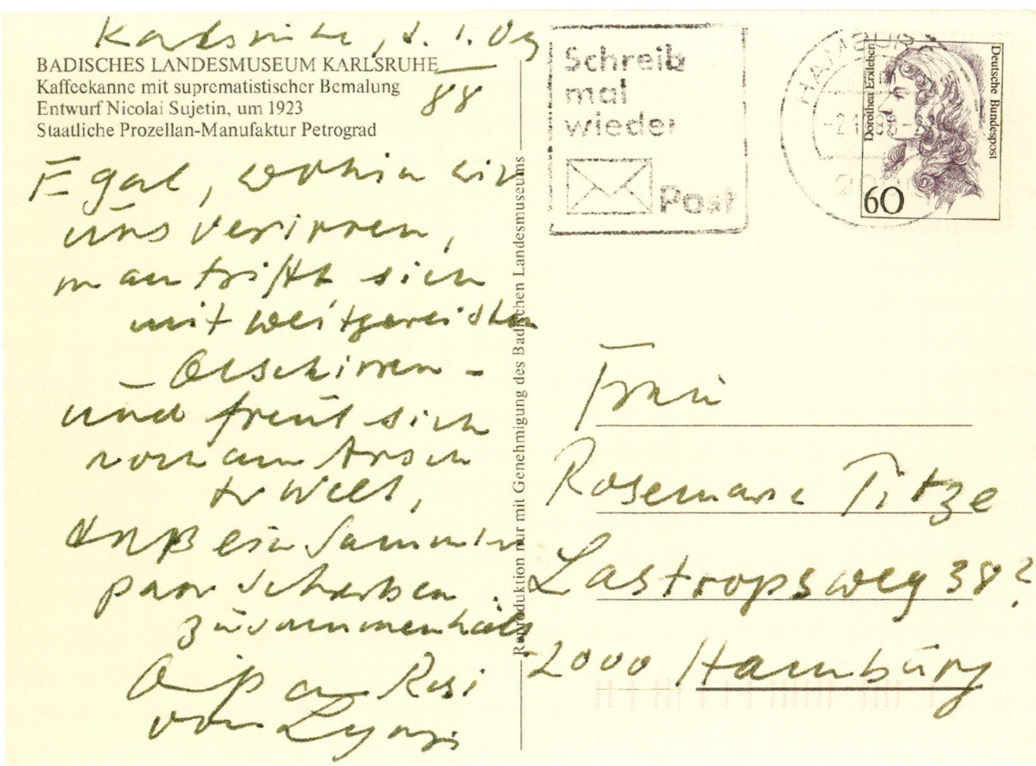
BADISCHES LANDESMUSEUM KARLSRUHE
Kaffeekanne mit suprematistischer Bemalung
Entwurf Nicolai Sujetin, um 1923
Staatliche Prozellan-Manufaktur Petrograd
Reproduktion nur mit Genehmigung des Badischen Landesmuseums
Schreib mal wieder Post
Deutsche Bundespost
Dorothea Erxleben
60

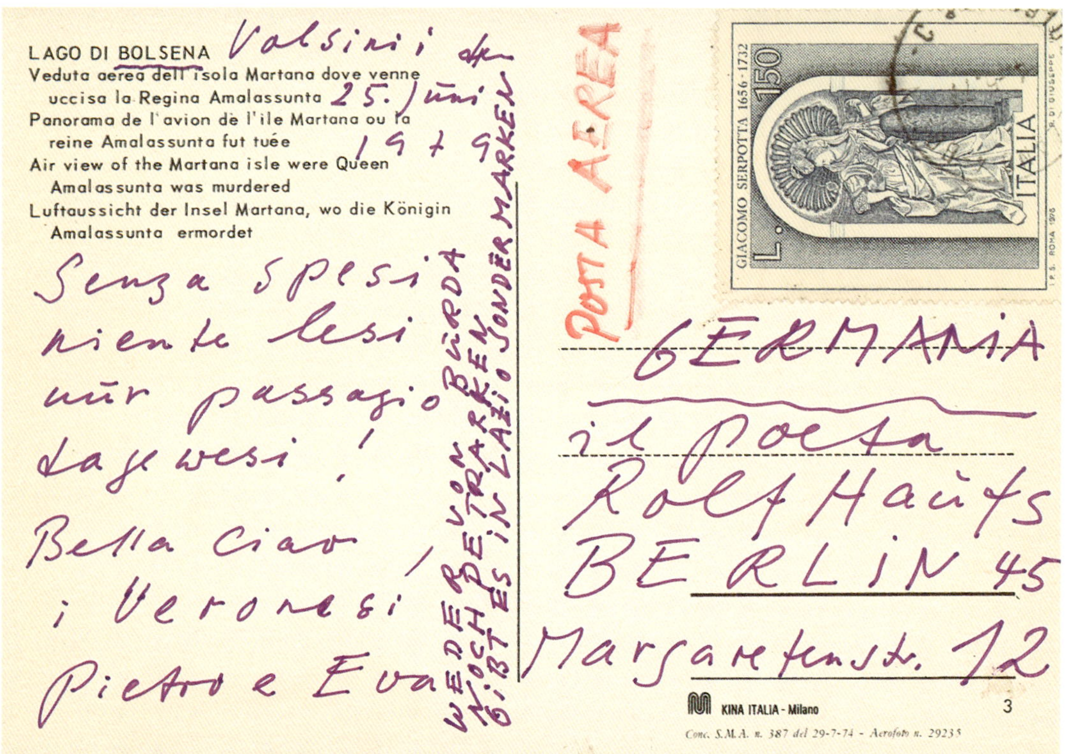

LAGO DI BOLSENA
Veduta aerea dell'isola Martana dove venne uccisa la Regina Amalassunta
Panorama de l'avion de l'ile Martana ou la reine Amalassunta fut tuée
Air view of the Martana isle were Queen Amalassunta was murdered
Luftaussicht der Insel Martana, wo die Königin Amalassunta ermordet

Valsini i den 25. Juni 1979

Senza spesi
niente lesi
nur passagio
dagewesi!
Bella ciao
i Veronesi
Pietro e Eva

WEDER VON BURDA
NOCH PETRARKEN
GIBT ES IN LAZIO SONDERMARKEN

POSTA AEREA

GIACOMO SERPOTTA 1656-1732
L. 150
ITALIA

GERMANIA
il Poeta
Rolf Haufs
BERLIN 45
Margaretenstr. 12

KINA ITALIA - Milano 3
Conc. S.M.A. n. 387 del 29-7-74 - Aerofoto n. 29235

Biographische Notizen über Carl Michael Bellman
und Zeitdokumente

158

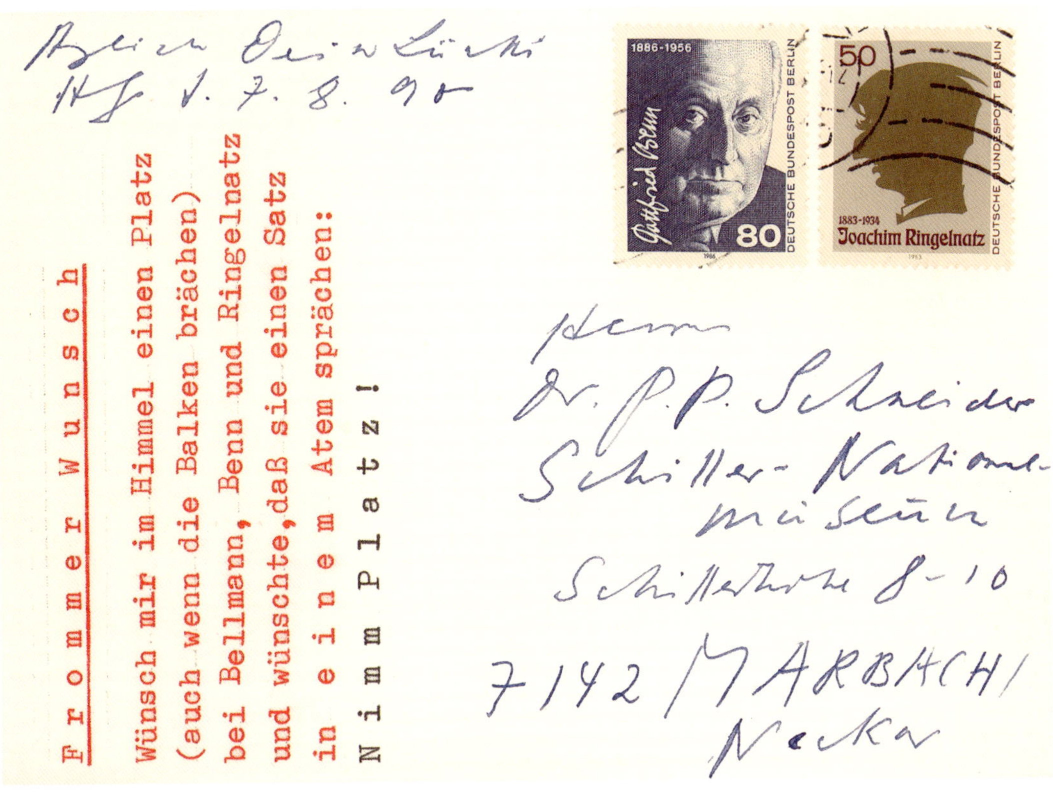

Frommer Wunsch

Wünsch mir im Himmel einen Platz
(auch wenn die Balken brächen)
bei Bellmann, Benn und Ringelnatz
und wünschte, daß sie einen Satz
in einem Atem sprächen:
Nimm Platz!

Herrn
Dr. P. P. Schneider
Schiller-Nationalmuseum
Schillerhöhe 8-10
7142 MARBACH / Neckar

Die Zeit, als ich bei Euch noch Kinderverse sammelte

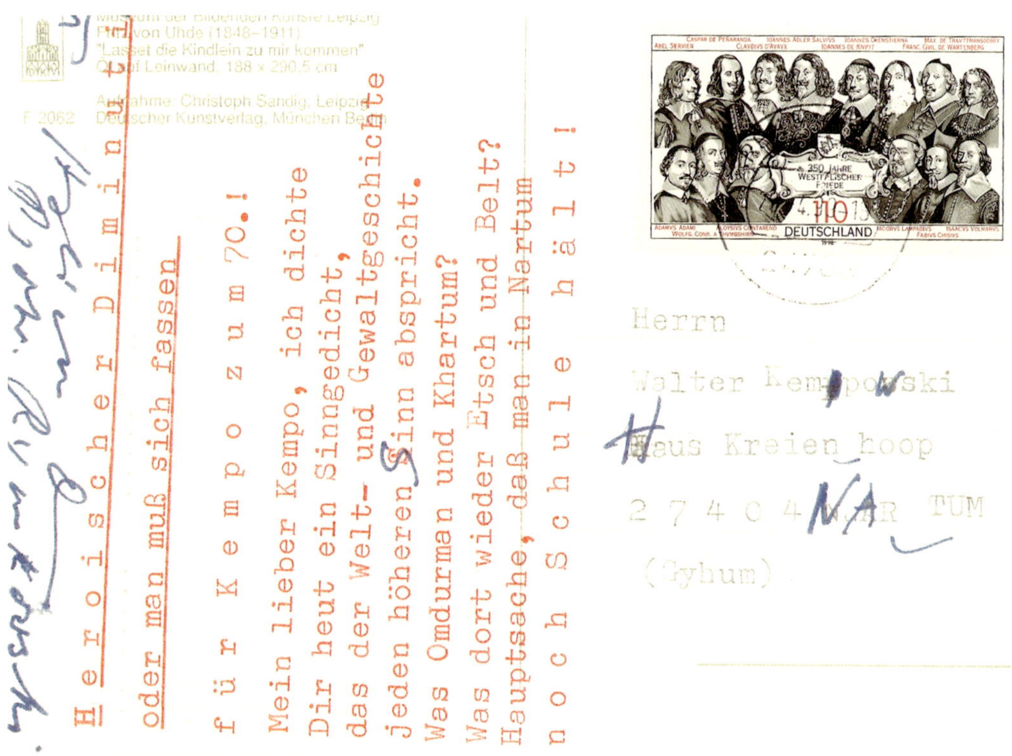

Gratuliere! Gratuliere!
Auch zum Premio Biermann-Ratjen.
Prosit auf die nächsten Biere
und gelegentlich ein Skatchen!
Dein - getreuer - Mithusar
aus dem Wolffheim-Seminar.

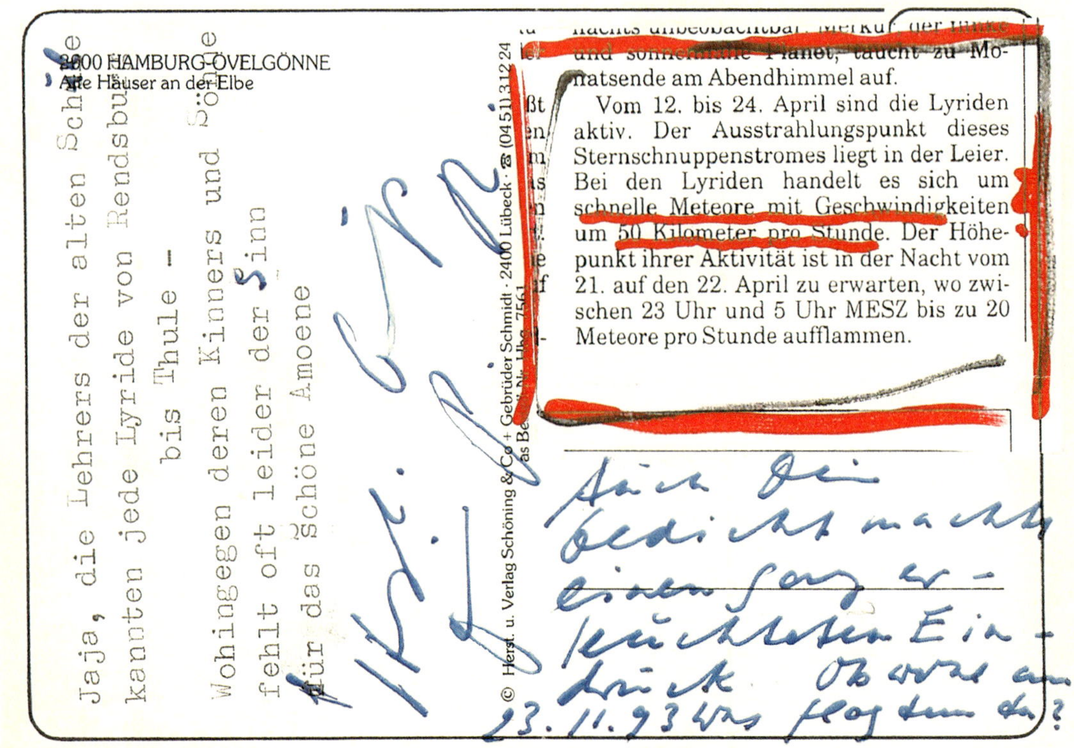

2000 HAMBURG-ÖVELGÖNNE
Alte Häuser an der Elbe

Jaja, die Lehrers der alten Schule
kannten jede Lyride von Rendsburg
bis Thule –
Wohingegen deren Kinners und Söhne
fehlt oft leider der Sinn
für das Schöne Amoene

und sonnennahe Planet, taucht zu Monatsende am Abendhimmel auf.

Vom 12. bis 24. April sind die Lyriden aktiv. Der Ausstrahlungspunkt dieses Sternschnuppenstromes liegt in der Leier. Bei den Lyriden handelt es sich um schnelle Meteore mit Geschwindigkeiten um 50 Kilometer pro Stunde. Der Höhepunkt ihrer Aktivität ist in der Nacht vom 21. auf den 22. April zu erwarten, wo zwischen 23 Uhr und 5 Uhr MESZ bis zu 20 Meteore pro Stunde aufflammen.

© Herst. u. Verlag Schöning & Co + Gebrüder Schmidt · 2400 Lübeck · ☎ (0451) 31 22 24

Auch Dein Gedicht macht einen ganz erleuchteten Eindruck.

23.11.93

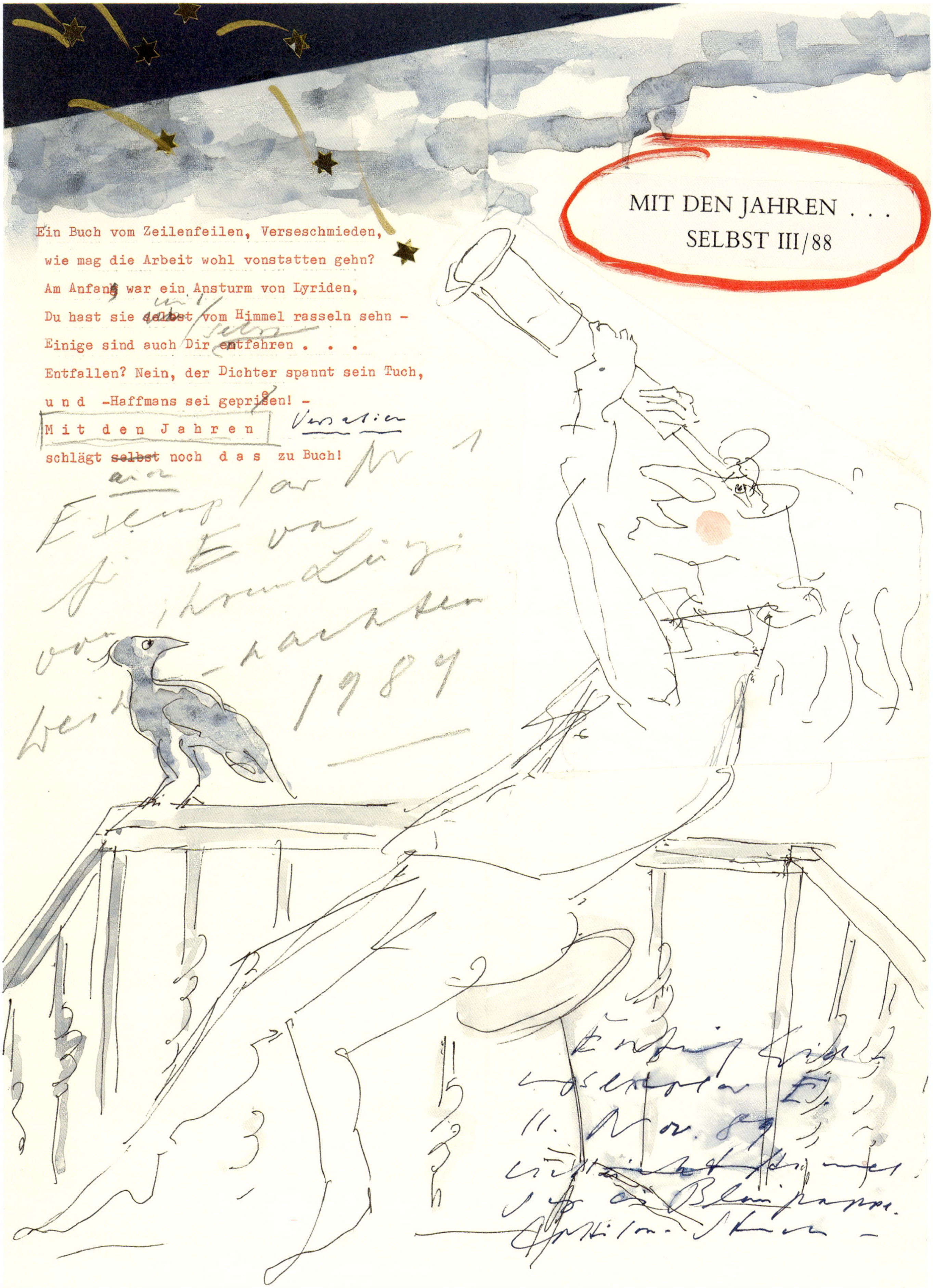
MIT DEN JAHREN . . .
SELBST III/88
Ein Buch vom Zeilenfeilen, Verseschmieden,
wie mag die Arbeit wohl vonstatten gehn?
Am Anfang war ein Ansturm von Lyriden,
Du hast sie selbst vom Himmel rasseln sehn -
Einige sind auch Dir entfahren . . .
Entfallen? Nein, der Dichter spannt sein Tuch,
u n d -Haffmans sei gepriesen! -
M i t d e n J a h r e n
schlägt selbst noch d a s zu Buch!
Versalien
1989

Auch Dichtung
schmort im eignen
Saft,
wo man sie nicht
verbreitet –
Es dankt die Kunst
der Wissenschaft,
die zum Genuß
verleitet –

Für Günter und Ingrid
Oesterle

Peter Rühmkorf
Gießen d. 28.1.–1.2
1988

24. 4. 1926.

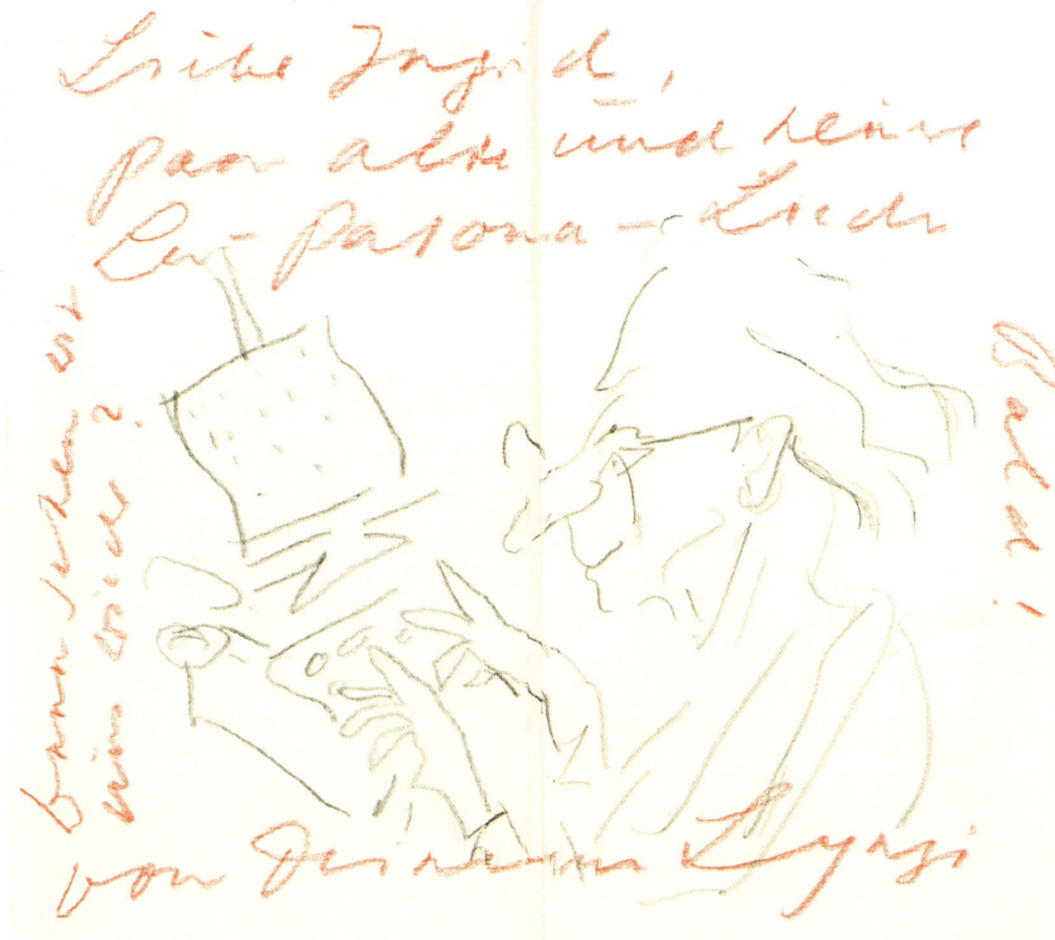

TABÜT

Peter Rühmkorf

liest am 20. November 1997
in der Bausparkasse
Schwäbisch Hall AG

Eine Veranstaltung des Schiller-Nationalmuseums
und der Bausparkasse Schwäbisch Hall AG

Peter Rühmkorf

Die Handwerker kommen

Ein Familiendrama

Verlag Klaus Wagenbach Berlin

Hannover/N-H, 13. Dez. 83

Peter Rühmkorf
Walther von der Vogelweide, Klopstock und ich

Wer würd nicht einen Klopstock schenken?
Nur leider lief der dritte Nachdruck aus.
Das vorvorletzte Stück
entgegen eigensüchtigen Bedenken
Brigitte Meixner
und dem Klopstockhaus!

Mit den besten
Wünschen für's
neue Jahr
Peter Rühmkorf

Hamburg d. 22.12.92

das neue buch
rowohlt

Peter Rühmkorf
Haltbar bis Ende 1999

RÜHMKORF ⇌ DINTEMANN
UND SCHINDEMANN
Oder Who is Who?
Weihnachten 1985
Universal Bibliothek
BELLETRISTIK

Die Graphischen Bücher
Erstlingswerke deutscher Autoren
des 20. Jahrhunderts
Band 12

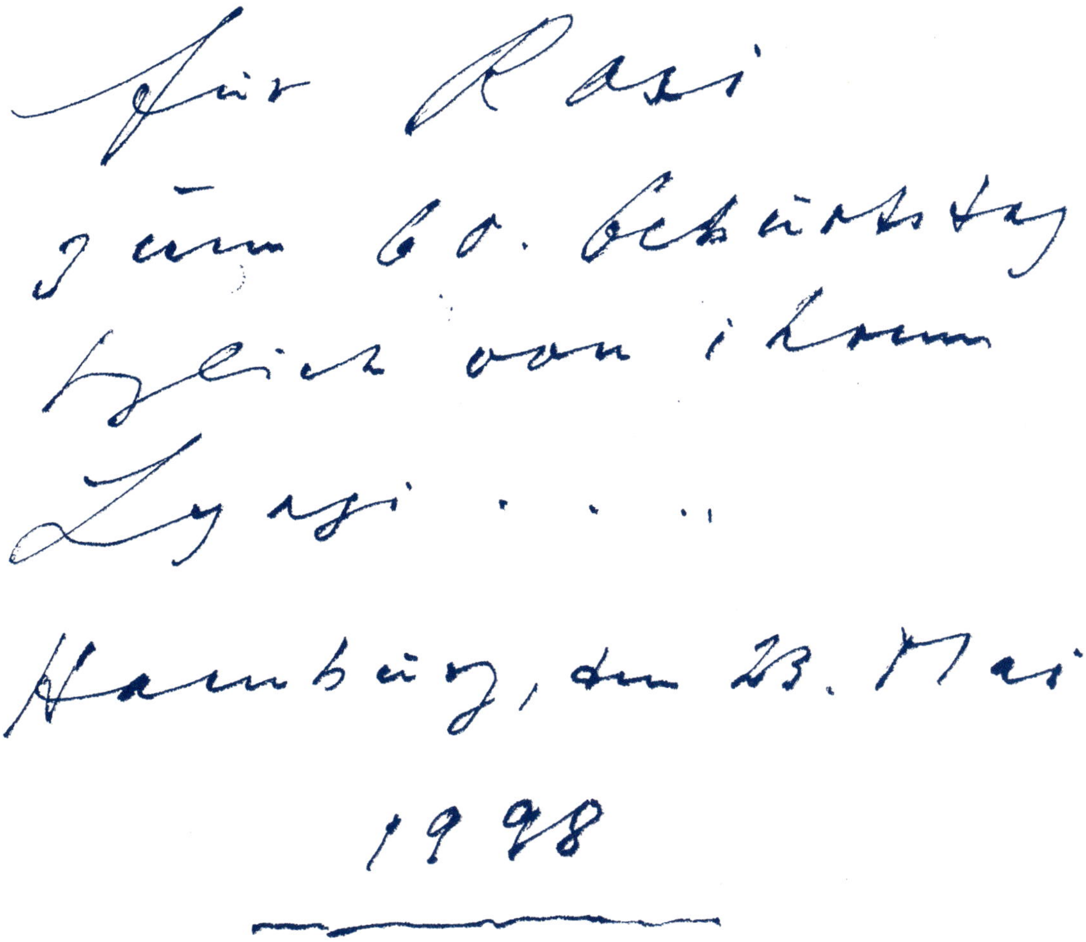

W i e d e r h o l u n g - V a r i a t i o n :
machten damals schon den Ton.
Und selbst in den späten, heikeln
Jahren läßt sich viel recyceln.
Herzlich wünscht der Schwagerlüng
n eues irdisches Vergnüng!

Albumblatt
für
Wilfried Weber

Hamburg, 1. April 1990

Bei großen Bränden und bei großer Flut
fragt sich, was bleibt . . .
s c h o n g u t ,
was Janssen malt und Rühmkorf schreibt,
allein, wo blieb die Kunst,
wenn keiner sie vertreibt?
Hoch lebe sie,
DIE BÜCHERSTUBE FELIX JUD!

HAMBURGER
BÜCHERSTUBE
FELIX JUD
& CO.

Peter Rühmkorf

Schlück um
Schlück
und noch
ein Schlück.
Hasenclever-
Einzeldruck

Hamburg d. 28. 12. 97.

Herzlich grüßt zum
Jahresschluß
ein bekannter Pegasus –

Doch beliebt es ihm
zuweilen,
nochmal kräftig auszukeilen

Für Theodor Verweyen
von seinem Peter Rühmkorf.

PETER RÜHMKORF

Irdisches Vergnügen in g

Fünfzig Gedichte

Dem, der im Bruchstück
noch das Monument,
im Denkmal
die Bemäntelung erkennt
im Trauerspiel den Spaß
im Jux die Transzendenz:
dem Schlenz!

Zu seinem 50. Geburtstag
am 17. August 1983
von Lüngi, dem Freunde.

ROWOHLT VERLAG HAMBURG

Liegestuhl, mein stillgelegtes Leben

(langgestrecktes)

Licht von links (und Schatten übereck)

Himmel: Pflaumenfleck

Blätter mit grünen Schatten

(lauter kleine grüne Schatten übereck)

scharfer/ schlanker Schatten

(Liegestuhl: der Leptosom)

Heck - Sonnendeck - Zwischendeck

Badegäste: Goldgebäck -

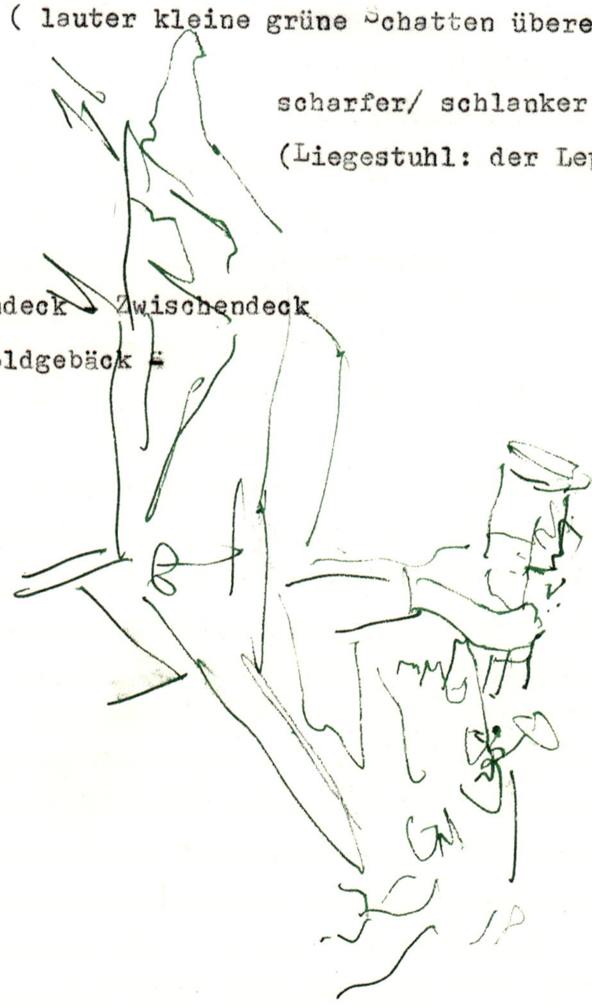

Liegestuhl - verzogen- verspannt - verklemmt

Doppelgänger - Widergänger - Visierstuhl

Abschußrampe - Auslug - Mastkorb -

schmales Handtuch

Liebe hat mit Dichtung auch nichts mehr gemein:
keine hohen, keine Festgefühle -
~~Schieß~~
nachhause,
alte Suchtkanüle;
~~tank~~ dich voll und laß dich sein.

Du - im Kampfe unbesiegt;
Du - im Leben auch nicht mehr belehrbar -
Nur:
der letzte Schuß ist unumkehrbar,
wenn dein Kopf dir um die Ohren fliegt. NICHT MEHR ÜBERSETZBAR

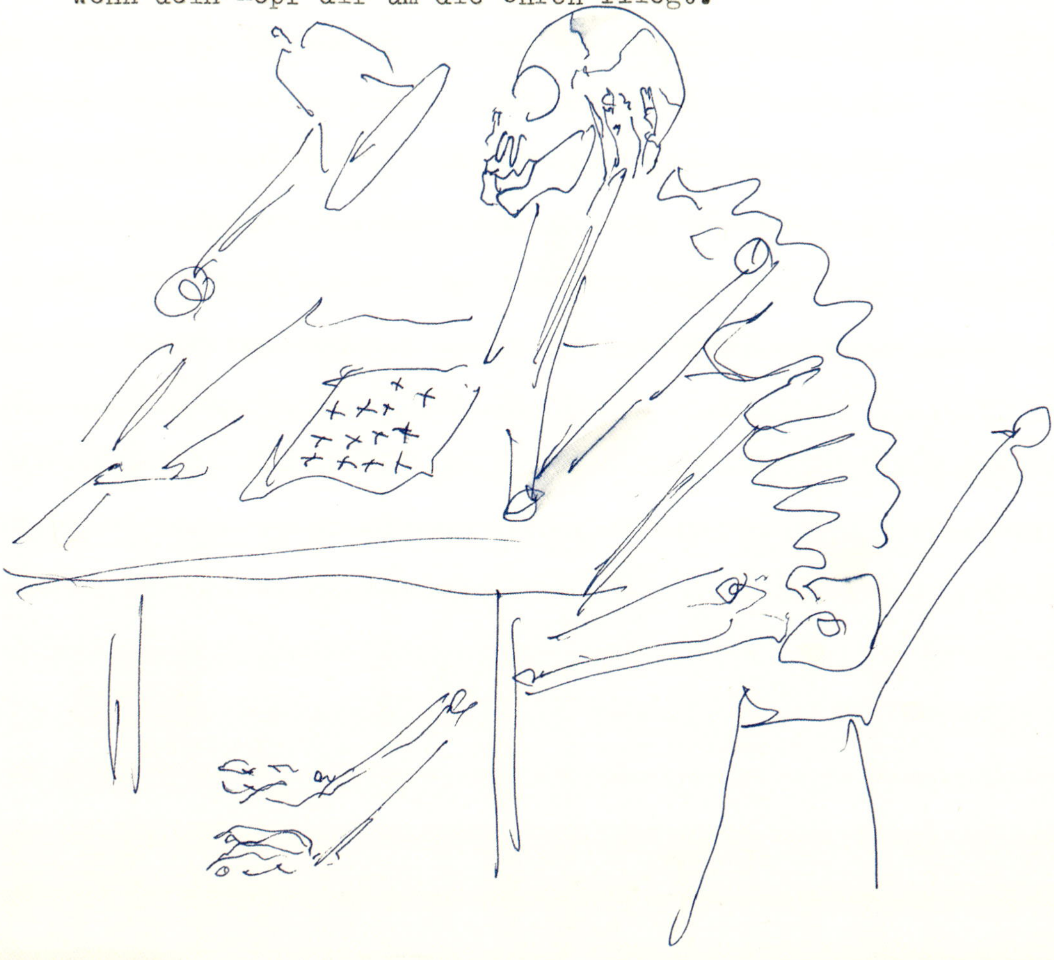

das neue buch
Herausgegeben von Jürgen Manthey

Remember , remember
the days of September
1953

Peter Rühmkorf
Die Jahre die Ihr kennt
Anfälle und Erinnerungen

Zwischen Mafia
und Camorra
schnappt die Kunst
nach Tageswerten
ALBUMBLATT
für Horst Sikorra,
meinen alten
Weggefährten
Peter Rühmkorf.
Hbg d. 25. 8. 96

das neue buch
rowohlt

Ich fragte mich,
was zieht er aus dem Hüte?
Zum Sechzigsten?
GEDICHTE,
alles gute!
Kühn, lässig, hingehaucht
in Höchstform bescheiden-
Sagt was Ihr wollt:
EINMALIG WIE WIR BEIDEN

Herzlichst
Dein Peter

Hamburg, d. 26 Oct
89

das neue buch
Herausgegeben von Jürgen Manthey

Peter Rühmkorf
Der Hüter des Misthaufens
Aufgeklärte Märchen
Rowohlt

Hier dampft der Mist
hier qualmt der Fusel,

der Hüter küßt
sein Süsel-Müsel
Eva zum 6.3.83
von ihrem Lyapi

Mein lieber Klaus,
ich denke, dieser Band
paßt in die Deine
wie in keine
andere Hand...

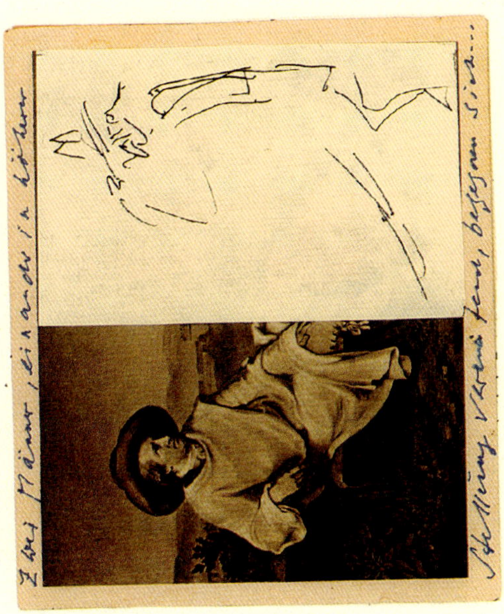

Mein Goethe

Günter Kunert
Siegfried Lenz
Peter Rühmkorf
Wolfdietrich Schnurre
Martin Walser
Gabriele Wohmann

für
Klaus Schröter,
den Freund
von beiden
Peter Rühmkorf

Suhrkamp

Hamburg d. 28.8
1982

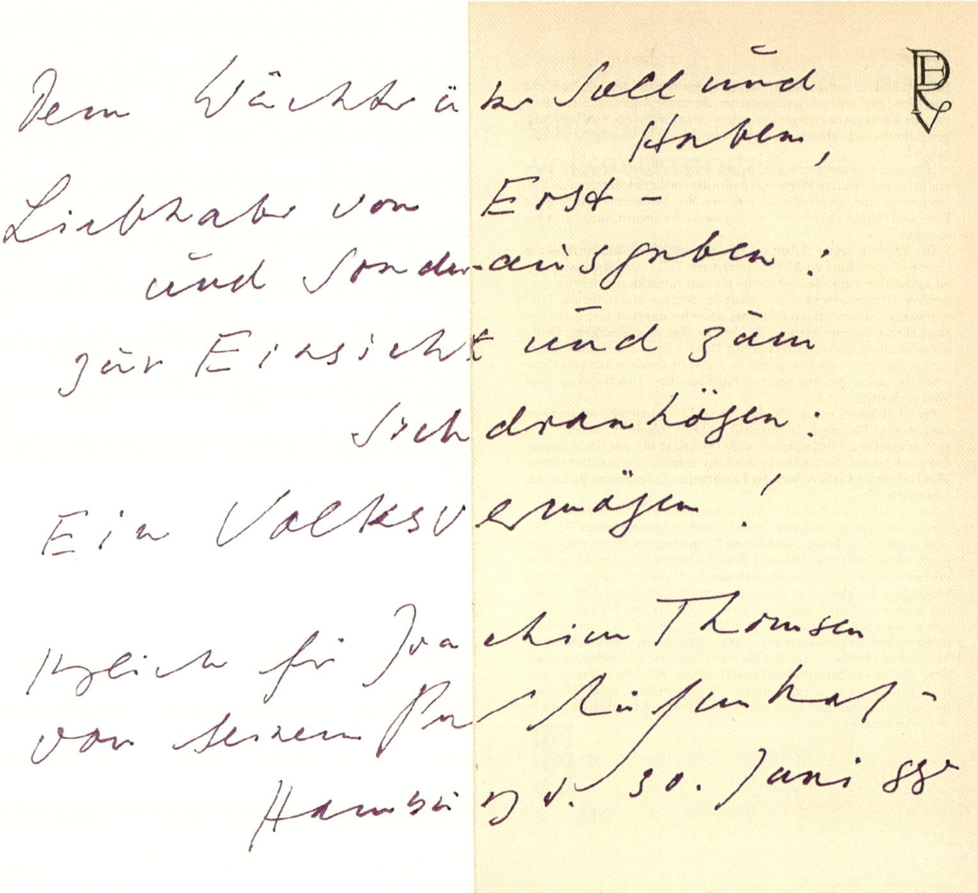

Dem Wächter über Soll und Haben,
Liebhaber von Erst- und Sonderausgaben:
zur Einsicht und zum Sichdranhögen:
Ein Volksvermögen!
Herzlich für Joachim Thomsen
von seinem Peter Rühmkorf
Hamburg d. 30. Juni 88

Für Gregor Mundt
mit Dank für Brief
nebst Pape zu den Tabuen.
Recht spät, mit Grund,
ich steckte tief
in meinen Reiseschuhen . . .

herzlich grüßt
Ihr Peter Rühmkorf / Hamburg, d. 20. 1. 96

das neue buch
Herausgegeben von Jürgen Manthey

Mein lieber [illegible],
halt Deinen Kurs
(und schau nicht
auf die Mehrsten)
Links ist nicht schief,
verträumt nicht tief
und: Kopf-hoch!
ist am schönsten.
Herzlich Dein
[illegible] [illegible].
den 18. Juli 1989

Lieber Lars, ent-oder-weder,/von den beiden paßt mir jeder,/Juno oder auch Julei,/wie Du willst, ich bin dabei/ Ruf Dich an so um pasquale/ Dann wir schmieden Ei mit Schale/ Respektive Kopf mit Nägeln/ Bißchen eilig, weil wir segeln/ Schon domani in der Früh/ fort - Italia - Napoli /Gruß an B arfood und mithin/ bitte auch die -Füßerin -

Cordialmente mit Vergnüng
Euer Lüng

Aus *»Landschaft mit Gästen«*
144 Seiten. Zahlreiche Abbildungen und Typografiken.
Gebunden. DM 48,- Hitzeroth 1992.

Danke Dir, mein
Pierpaolo,
dies war eine schöne
Nachricht.
Und für mein Espresso-
solo
bitte ich nochmals
um Nachsicht
Dir und Kerstin
und auch MAR-
BACH eine langes reiches
Jahr.
Ein Lüdig.

Roseburg d. 24.12.97

PETER RÜHMKORF

TABU

Tagebücher

ROWOHLT

PETER RÜHMKORF

TABU I

Tagebücher
1989–1991

ROWOHLT

Verzeiht, daß ich mein Marbach
schon [illegible] zu Bar nach

Für Pierpaolo
[illegible] von seinem
[illegible]

Hbg. d. 13. Jan. 1995

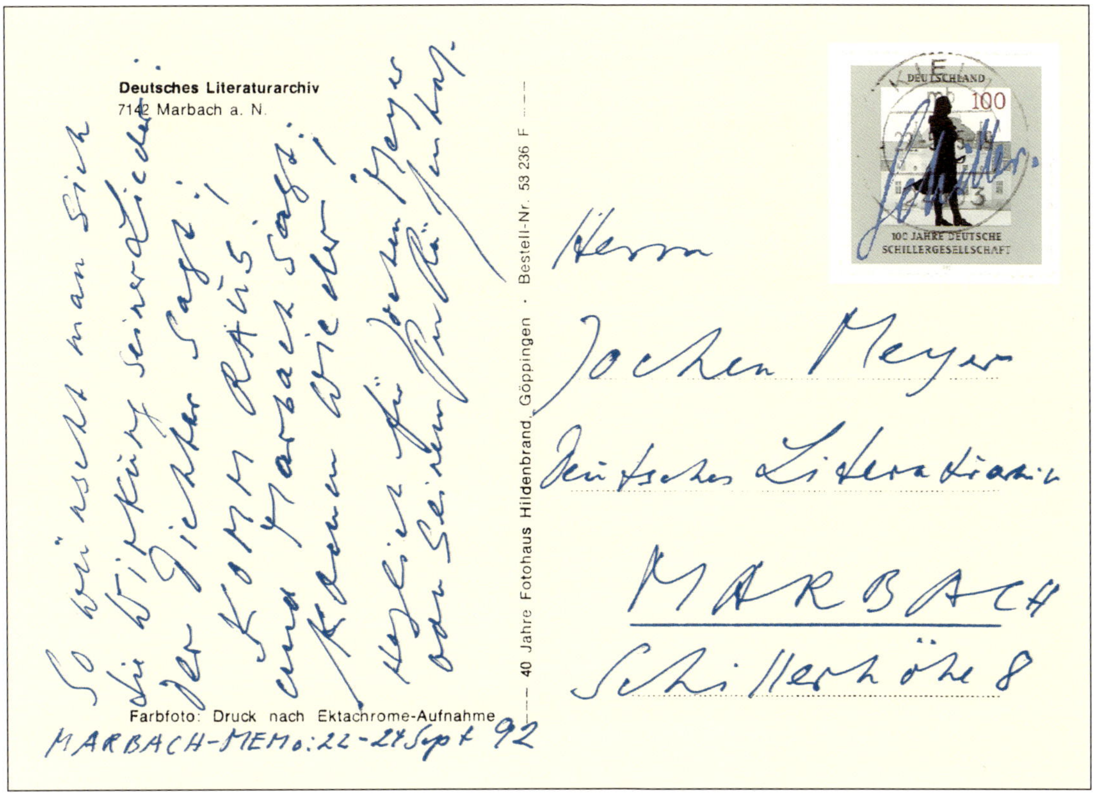
Deutsches Literaturarchiv
7142 Marbach a. N.
So wünscht man sich
die Wirkung seiner Lieder:
der Dichter sagt:
und Marbach sagt:
Kommen Sie wieder!
Farbfoto: Druck nach Ektachrome-Aufnahme
40 Jahre Fotohaus Hildenbrand, Göppingen · Bestell-Nr. 53 236 F
DEUTSCHLAND 100
100 JAHRE DEUTSCHE SCHILLERGESELLSCHAFT
Herrn
Jochen Meyer
Deutsches Literaturarchiv
MARBACH
Schillerhöhe 8
MARBACH-MEMO: 22-27 Sept 92

Komm ins Offene,
Freund!

Telegramm **Deutsche Bundespost** Verzögerungsvermerke

Datum	Uhrzeit	Empfangen von	Leitvermerk	Datum	Uhrzeit
Empfangen Platz	Namenszeichen			Gesendet Platz	Namenszeichen

Bezeichnung der Aufgabe-TSt	Aufgabe-Nr.	Wortzahl	Aufgabetag	Uhrzeit	Via/Leitweg
aus					

Die stark umrahmten Teile sind vom Absender auszufüllen. Bitte Rückseite beachten.

Gebührenpflichtige Dienstvermerke

= =

Name des Empfängers, Straße, Hausnummer usw.

HANS WERNER RICHTER - KLEBER POST

Bestimmungsort – Bestimmungs-TSt

7968 SAULGAU

LIEBER HANS WERNER - AUCH WIR HIER OBEN HEBEN HEUTE DIE KÖRNER -
AUF DEINE GRÖSSE UND GÄNZE. - AUF DEINE ECKIGE RUNDHEIT -
DER KORN , DEUTSCHLANDS STROM, NICHT DEUTSCHLANDS GRENZE -
ÄHNLICH WIE DU, SOWOHL BERÜHMT WIE VERKANNT -DOPPELT GEBRANNT -
PROSIT , RICHTER, GESUNDHEIT ! -

Wortgebühren ____ DM ____ Pf	____ Wörter geändert ____	Absender (Name und Anschrift, ggf. Ortsnetzkennzahl und Fernsprechrufnummer; **diese Angaben werden nicht mittelegrafiert**) Peter u. Eva Rühmkorf
Sonstige Gebühren ____ DM ____ Pf	____ Wörter gestrichen ____	2059 Roseburg
Zusammen ____ DM ____ Pf	____ Wörter hinzugesetzt ____	
Angenommen ____	Auf ungenügende Anschrift/ Dienstzeit hingewiesen ____	Dorfstraße 8

A5, Kl. 78 m

Schl. 11.78 / 65432

937 200 000

Selbst III/88 – Bis & Fassung

Haffmannsaft, Haffmannsaft
wohin wär er entschwunden?
Hättst Du den fluidalen Stoff
nicht unverzüglich
aus dem Off
erfischt und buchgebunden!

hotel Tiefenau
Zürich ****
CH-8032 Zürich

In Dankbarkeit gefasst
Dein Peter Rühmkorf

P. R. HH, d. 5.3. 98

Gestern im Radio ein Gedicht
ganz allerersterGüte.
Wer war der Typ? Ich wußte nicht.
Ich war nur aus der Tüte.
Wo gab's denn heute noch Genies
von solcher Feingravüre?
Auf einmal - Tusch - da waren Sie's!
Ich grüß und gratulyre.
Zum Birthday ganz der Ihre!

Aus *»Landschaft mit Gästen«*
144 Seiten. Zahlreiche Abbildungen und Typografiken.
Gebunden. DM 48,- Hitzeroth 1992.

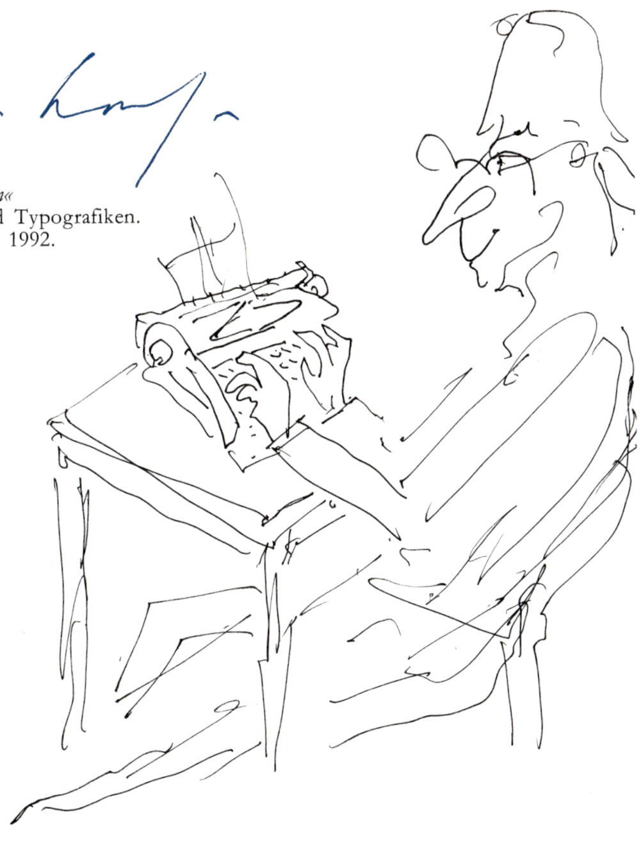

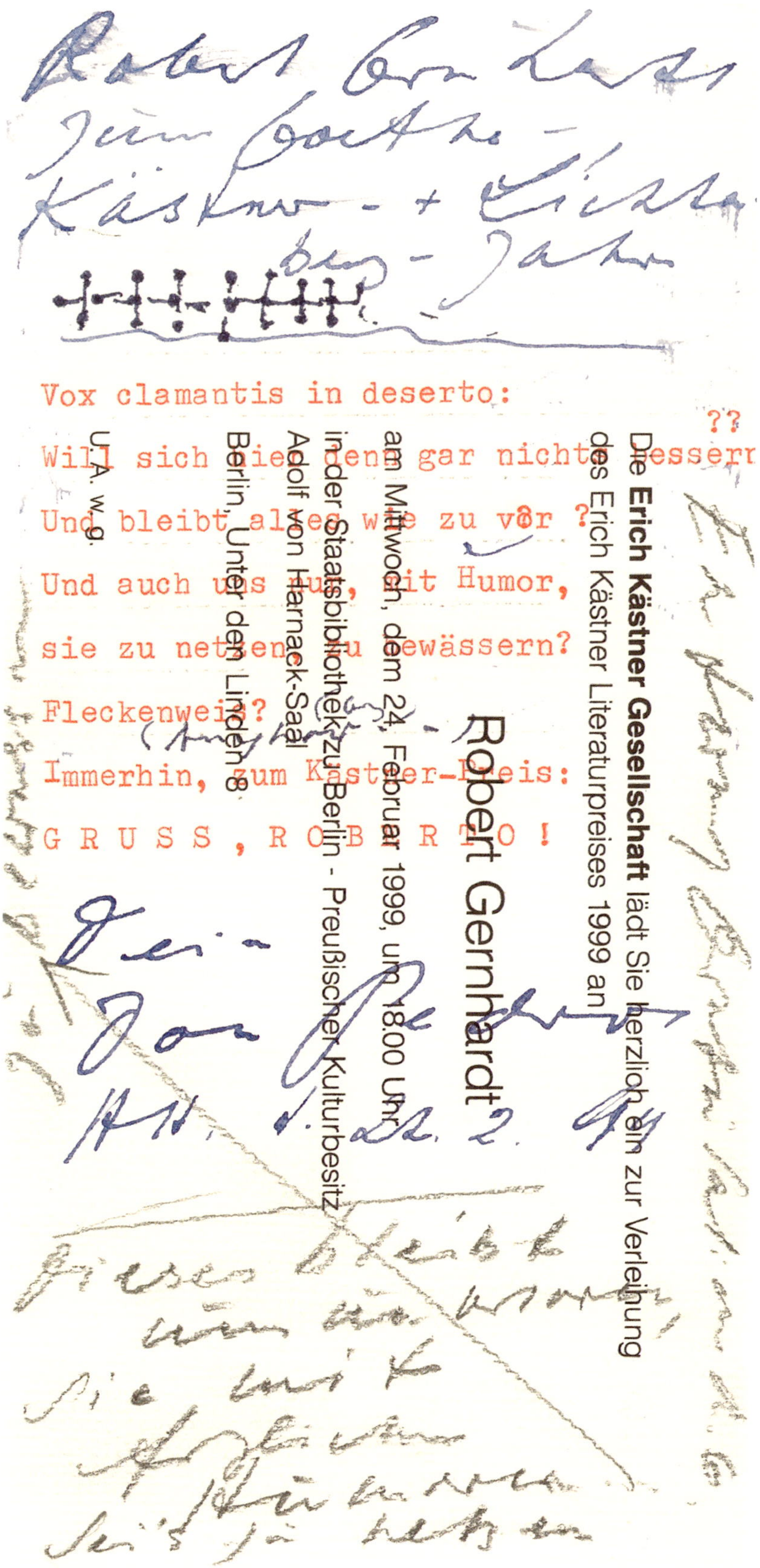
Vox clamantis in deserto:

Will sich hier denn gar nichts bessern ??

Und bleibt alles wie zu vor ?

Und auch uns nur, mit Humor,

sie zu netzen, zu bewässern?

Fleckenweis?

Immerhin, zum Kästner-Preis:

G R U S S , R O B E R T O !

Die **Erich Kästner Gesellschaft** lädt Sie herzlich ein zur Verleihung des Erich Kästner Literaturpreises 1999 an

Robert Gernhardt

am Mittwoch, dem 24. Februar 1999, um 18.00 Uhr
in der Staatsbibliothek zu Berlin - Preußischer Kulturbesitz
Adolf von Harnack-Saal
Berlin, Unter den Linden 8

U.A.w.g.

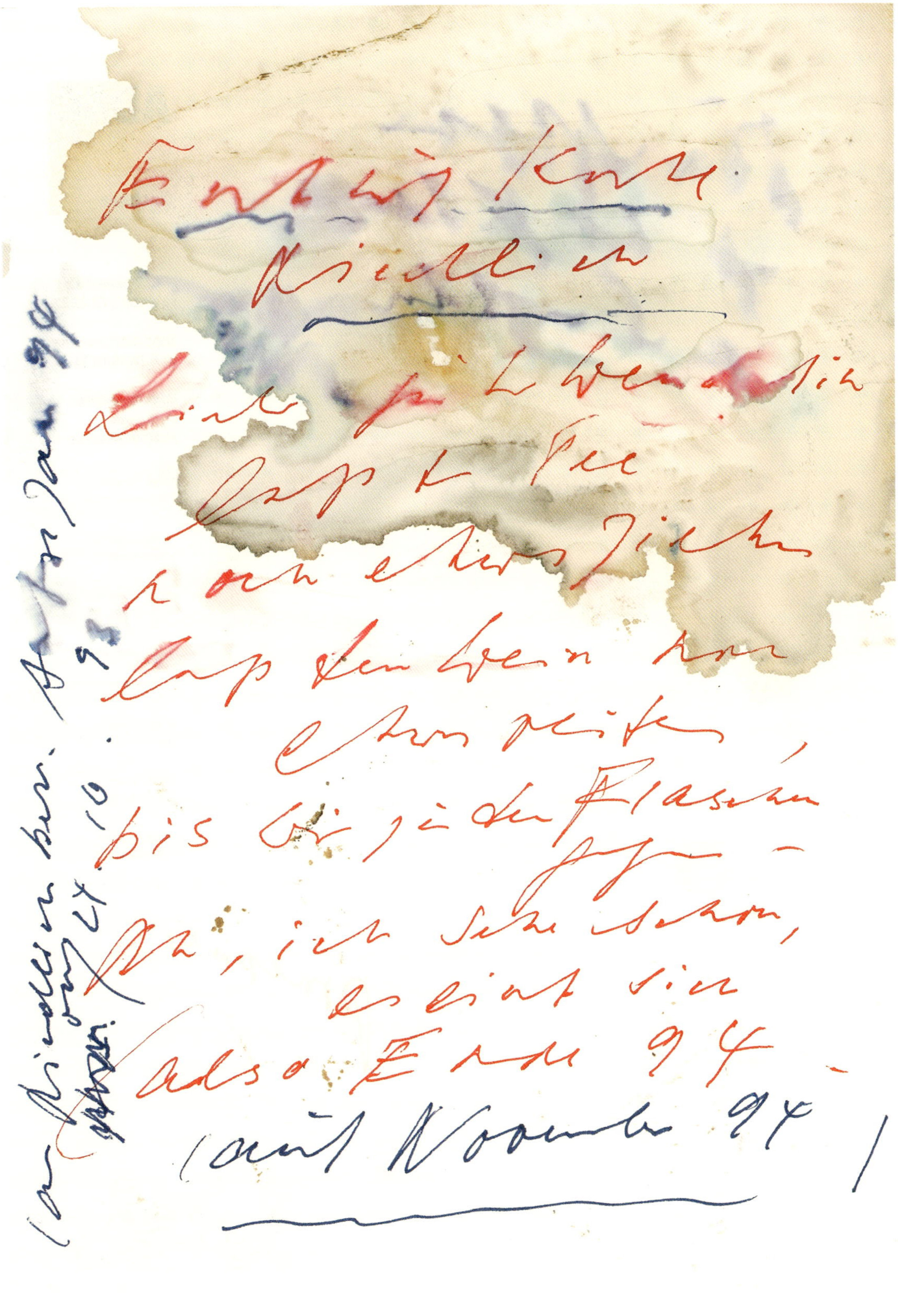

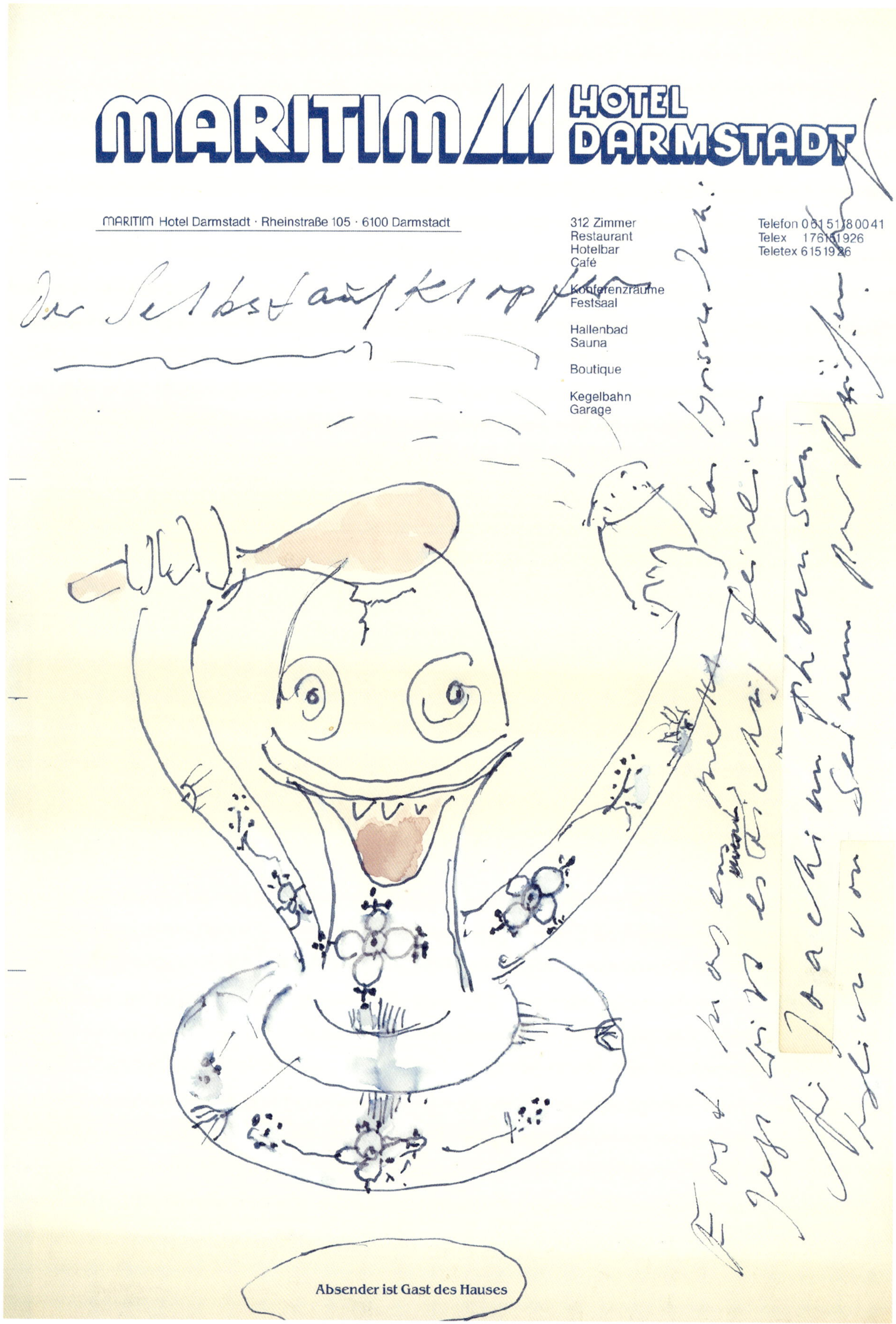
MARITIM HOTEL DARMSTADT
MARITIM Hotel Darmstadt · Rheinstraße 105 · 6100 Darmstadt
312 Zimmer
Restaurant
Hotelbar
Café
Konferenzräume
Festsaal
Hallenbad
Sauna
Boutique
Kegelbahn
Garage
Telefon 0 61 51/18 00 41
Telex 17 6151926
Teletex 6 15 19 26
Der Selbstaufklopfer
Absender ist Gast des Hauses

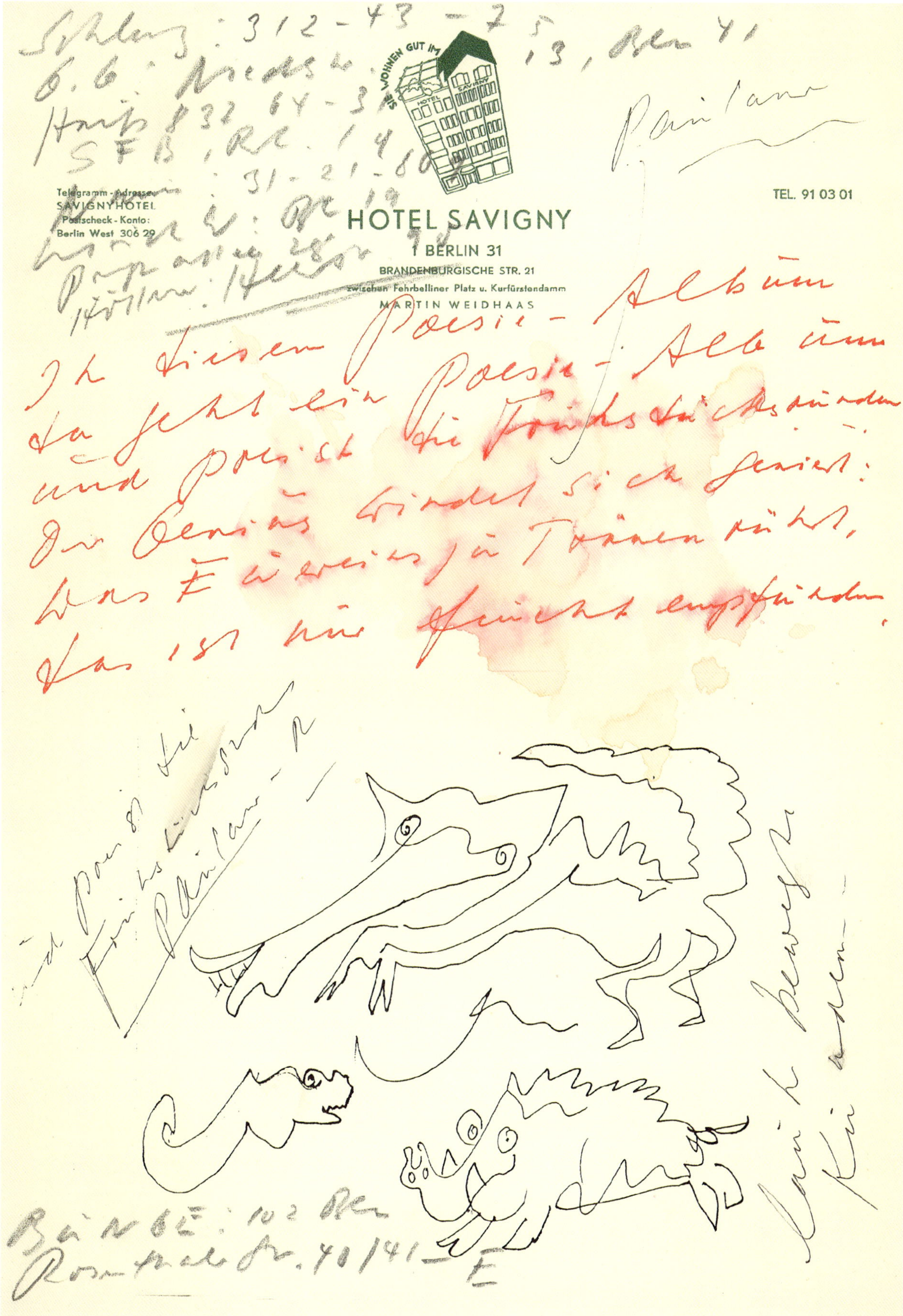
SIE WOHNEN GUT IM
HOTEL SAVIGNY
Telegramm-Adresse: SAVIGNYHOTEL
Postscheck-Konto: Berlin West 306 29
TEL. 91 03 01
HOTEL SAVIGNY
1 BERLIN 31
BRANDENBURGISCHE STR. 21
zwischen Fehrbelliner Platz u. Kurfürstendamm
MARTIN WEIDHAAS

Wischlappenlyrik

Wir haben schon viele
Ansichten verfochen.
Auch bloß so zum Spiele
Verse geflochten
Wir haben schon manches
dücke Kind
~~[illegible]~~ und nicht an die Wand gepinnt.

Wir haben schon manche
Lunte gerochen.
Wir haben schon manches
Gift erbrochen.
Wir haben, wir haben, wir haben, wir haben
wir haben schon manchen Traum begraben

Meine Bilder, sehr geringer
Art und außer Konkurrenz:
Kritzelkratzel, Rohr und Finger
und ein kleiner Wassersprenz

Kurz
kürzer
am kürzesten
es wird immer mehrer.
Leicht
leichteer
am leichtesten
Es wird immer schwerer

Nun laß mich doch mal eben überlegen,
weswegen
hatten wir überhaupt den Fluß durchschwommen? -
Vielleicht, um in Utopia anzukommen,
wo graue Spatzen
goldne Eier legen . . .

In manchem seh ich was.
Von manchem versteh ich was.
An Wandel seh ich nichts.
Vom Kunsthandel versteh ich nichts

Wischlappenlyrik

Heinrich Hoffmann Fiedelstrich,
kommt mit seinen Gaben -
Solche Verse möchte ich
schon gedichtet haben.

Wahrheit? Verfliegt!
Wahrscheinlichkeit genügt.

Der Starmatz auf dem Giebeleck
pfeift unentwegt: "zivil! -zivil!" -
Doch leider, aus dem Laubversteck,
da folgt nicht viel.

Die Truppe bot ein buntes Bild,
an Federbüschen kenntlich.
Dann kam der Feind, in Grau gehüllt,
vollkommen unverständlich.

Im Grunde ließ mich vieles kühl
Was andre Leute spüren-
Und letzten Endes malt Herr Mühl
noch lustige Figüren

Irgendwo stand schon geschrieben,
irgendwo war auch zu sehn,
daß die Bücher, die wir lieben,
nicht in allen Börtern stehn.

Sind Sie Karl,
ich meine Popper,
was ist solch ein Wischlappen
[illegible], wenn man [illegible]
würde?! – entspricht – –

Rebus

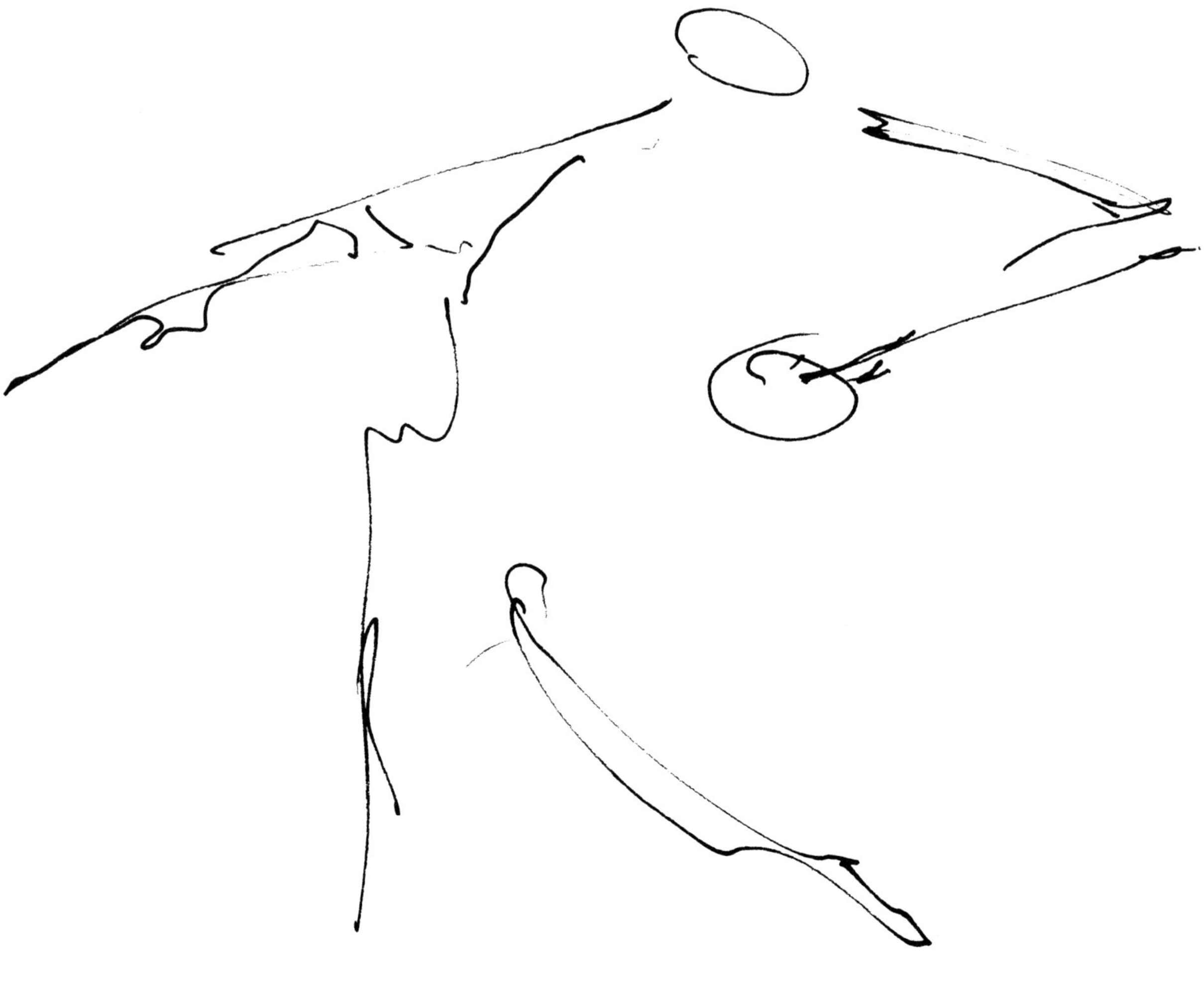

ANHANG

S. 5 für Johannes Verweyen

S. 8 Aus der Gruft grüßt (Josef Stalin) Werner Riegel samt Gemahlin

S. 9 Die Barbara Wisława,
die gönnt mir keine Ruh,
sie zeigt mir halb Warszawa
und dann noch was dazu

S. 14 Lieber Bunge, wo Worte fehlen, da laßt Farben sprechen – wie schön sich die historischen Gewänder auf der Bühne machen mögen, ich bin strikt gegen historischen Faltenwurf und plädiere für Maskerade. Meine Vorstellungen kommen vom Puppenspiel her. Also: Vasen, Krüge, Amphoren, eine bunte, zerbrechliche, kunstgetöpferte, glasgeblasene Welt. Vielleich Sollbruchstellen präparieren. DER SCHLUSS: Ein bunter Scherbenhaufen. Bloß kein Bühnenblut, bloß kein Theatergeröchel! Herzlich grüßt Dein Peter Rühmkorf

S. 15 Muze (Mucius) / Typus Tarquinia / An Bunge / Vorschlag für Klemke

S. 16 Lieber H. B., Namen wie Tania Titi hat es wirklich gegeben – – / ganz abgesehen mal von Lars, Arnth + Caije. Es gibt Theorien, die die Tusci (römisch) mit Tysken amalgamiert haben ... Magisches Denken... Beneidenswert, wer frei davon... Dein P.R.

S. 19 Figurine »Volsinii« / Röm. Senatoren im Tarnbezug

S. 24 I
BENVENUTI A ONANO:
Aber, Wandrer, halt dich fest,
daß du wirklich tutto sano
den verrufnen Ort verläßt

II
Denn die Folgen sind immense
wenn du dich an dir vergingst,
spätestens auf der CASTRENSE
blitzt das Messer,
sirrt die Sense
und es hat sich ausgedingst!!!

Meinem lieben Paolo aus meinem neuen Zyklus »WARNGEDICHTE AUS DER FREMDE« hzl. Dein Lynghi

S. 25 ein Sechserpack Päpste für Rolf Hochhuth

S. 26 für Half Zantop

S. 27 »Der Blumenzernieser« für Eva Schobel

S. 28 für Manfred Bissinger

S. 33 für Tommi Bodmer
Admonished by the suns inclining rays,
im Spiegel reflektiert des Genfer Sees,
ins Buch zurückgebrochen, Eliot durch die Brille Pounds,
lethal verschärft durch tempus-fugit-sounds,
so teilten wir Reflexe, Echos, Wiederhalle,
paar Atemzüge, Augenblicke lang:
EINMALIG WIE WIR ALLE

S. 34 für Annemarie Schneider

S. 35 für Klaus-Rainer Röhl

S. 36/37 für Ulla Foerster

S. 38 für Gerhard Zenkel

S. 39 für Till Meierdiercks

S. 40/41 für Stephan Opitz

S. 45 für Klaus Wagenbach

S. 46 für Eva Rühmkorf

S. 47 für Manfred Bissinger

S. 48 oben für Otto Meierdiercks

S. 48 unten für Frank und Andrea Trende

S. 57 Ein Hoch auf die Spieler!
(Vermißt man mich schon?)
und die E. Lasker-Schüler
Re-Inkarnation
Herzlich Dein Lüngi

S. 61 für Heinz Tillybs

S. 62/63 unten für Wolfgang Schlüter

S. 63 oben für Elke Dubbels

S. 65 für Michael Naumann

S. 67 Widmungszeichnung für Rosemarie Titze in: »L'art brut«

S. 69 für Manfred Eichel

S. 80 für Andreas »Merlin« Meyer

S. 84 Ein jedes Tier hat seinen tiefen Zweck. Auch dieser Tausenstaeck.

S. 97 für Michael Naura

S. 98 für Warnfried Altmann

S. 102 unten für Günter Grass

S. 103 für Hanjo Kesting

S. 108/109 für Eva Schobel und Peter Henisch

S. 110 unten für Jürgen und Maria Manthey

S. 115 für Horst Janssen

S. 122 Rosemarie Titze

S. 123 Gerhard Schlenzig

S. 128/129 Albumblatt für Michael Krüger

S. 131 für Doris und Klaus Waschk

S. 136 für Uta Treder

S. 138 für Albert von Schirnding

S. 139 für Erhard und Friederike Heinold

S. 141 für Ingrid Holzapfel

S. 145 für Ulli Rainer

S. 147 für Arnfried Astel

S. 150 für Tibia Thelen

S. 151 für Ammes und Mäusi Schneider

S. 156 für Eva Rühmkorf

S. 158 für Eva Rühmkorf

S. 159 oben für Adrienne Schneider

S. 159 unten für Franziska Wolffheim

S. 161 für Horst Sikorra

S. 169 Werner Burkhardt zum Siebzigsten

S. 170 für Helmut Schenkel

S. 171 für Eva Rühmkorf

S. 174 für Half Zantop

S. 175 oben für Ingrid Holzapfel

S. 176 für Margret und Horst Kude

S. 177 für Ulli Rainer und István Scher

S. 179 oben für Axel Mowitz und Meinolf Trudzinski

S. 179 unten für Rosemarie Titze

S. 183 für Volker Hasenclever

S. 185 für Gerhard Schlenzig

S. 188 unten für Hans Magnus Enzensberger

S. 189 oben für Eva Rühmkorf

S. 191 für Urs Verweyen

S. 192 für Lars und Bettina Clausen

S. 193 für Peter Paul und Kerstin Schneider

S. 194 für Peter Paul Schneider

S. 196 unten für Gerd Haffmans

S. 197 für F.W. Bernstein

S. 199 für Wendelin Niedlich

S. 201 für Nanni, Suse und Ulrich Wülfing

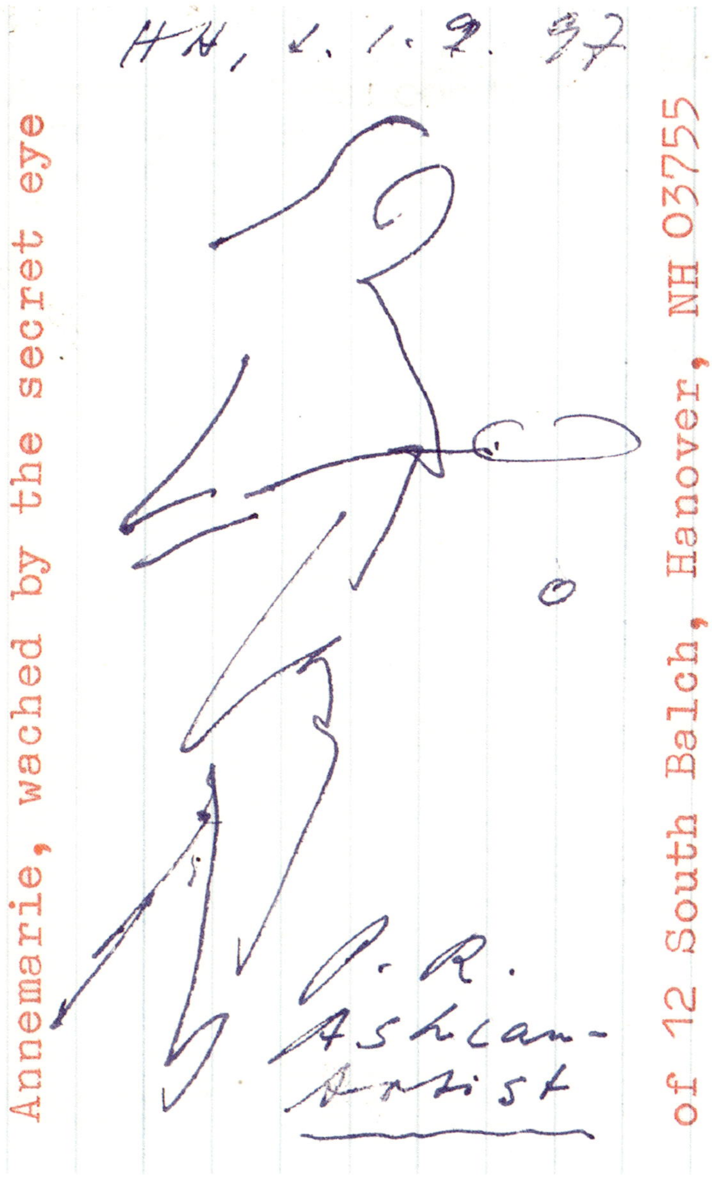
Annemarie, wached by the secret eye
of 12 South Balch, Hanover, NH 03755

1. Auflage 1999

Buchgestaltung: Peter Rühmkorf, Gerhard Steidl, Stefan Ulrich Meyer
Herstellung: Ursula Stricker
Printed in Germany
ISBN 3-88243-683-2